経営力と
経営分析

Management Power and
Business Analysis

坂本恒夫・鳥居陽介 [編]
現代財務管理論研究会 [著]

税務経理協会

はしがき

本書は，2014年に刊行された『テキスト経営分析』の＜縮刷版＞である。

多くの学生諸君から，「ポイントを整理したものを刊行して欲しい」という要望に応えたものである。企業成長力と経営分析，株式市場評価力と経営分析，社会的評価力と経営分析の基本的枠組みは崩さないものの，30講義のものを20講義に削減した。

しかし，折角の機会なのでより充実するために，新たな講義も増やした。それは，＜知的財産＞に関するものであり，もう一つは，＜生産性＞に関するものである。知的財産については，とりわけ近年におけるＭ＆Ａの拡大と対をなすものであり，現状での動きを踏まえて解説している。また生産性については，中国をはじめとするアジア企業の経営改革を踏まえて，モジュール化などの動きを念頭に解説している。

したがって，縮刷版とは言うものの，筋肉質の充実したかたちの本書となった。また今回は，新たに社会的評価力に関する経営分析を力説している。企業価値には，営業価値，株主価値，そして社会的価値が存在するが，最近の動向を鑑みて，社会的評価力の経営分析を強調した。

本書の作成にあたっては，株式会社税務経理協会の社長大坪嘉春氏にお世話になった。また同社の峯村英治氏には編集および出版に際し多大なるご協力を頂いた。心より御礼申し上げたい。

平成29年4月20日

編者　坂本　恒夫
鳥居　陽介

目　　次

はしがき

第1部　経営分析で経営力を見る

第1講　経営力と経営分析……………………………………………3

1　高度成長・拡大経営期の経営分析／4
2　バブル崩壊後の経営分析／8
3　リーマンショック後の経営分析／13
4　経営分析の課題／16

第2講　経営分析の体系……………………………………………20

1　経営分析の分類／21
2　信用分析／22
3　経営分析（狭義）／23
4　投資分析／24
5　社会的評価力分析／25

第3講　経営分析の方法……………………………………………27

1　分析方法の分類／28
2　比較分析／28
3　数値分析／30
4　非財務資料分析／32

第2部　企業成長力（製品力・販売力・資金力）と経営分析

第4講　企業成長と経営分析 …………………………………………… 37

1. 企業成長とは何か／38
2. なぜ成長は必要か／38
3. 企業成長の指標は何か／39
4. 指標の基礎となる要素項目の検討／39
5. 事例－研究開発費の割合が高い製薬業界／43

第5講　無形資産と経営分析 …………………………………………… 45

1. 目的と分析視点／46
2. 無形資産とは／46
3. 無形資産と企業財務／48
4. 企業財務における無形資産の役割の変遷と現状／50
5. 事例－
   知的財産が競争力に大きく影響する製薬業界／52

第6講　収益性分析 ……………………………………………………… 59

1. 収益性とは／60
2. 時代とともに変わる収益性指標の重要度／60
3. 利益の種類によって異なる収益性の見方／65

第7講　流動性分析 ……………………………………………………… 69

1. 流動性分析の意義／70
2. 日本企業の流動性／71
3. 不確実な時代における手元流動性の重要性／73

4 流動性分析に関する各種指標／75

第8講 生産性分析 …………………………………………… 77
　　　1 生産性と付加価値／78
　　　2 生産性指標の分類／79
　　　3 付加価値の分配／81
　　　4 事例－自動車業界／81

第9講 配当，株価と経営分析 ………………………………… 88
　　　1 配当とは何か／89
　　　2 配当と株価の関係／90
　　　3 配当水準の決定要因／92
　　　4 日本企業の配当政策－過去と現状－／94
　　　5 配当政策の今日的役割／100

第3部　株式市場評価力と経営分析

第10講 機関投資家と経営分析 ……………………………… 114
　　　1 意義・目的／106
　　　2 手　　法／108
　　　3 位置付けと評価／111
　　　4 事例分析：キヤノン株式会社／112
　　　5 株主価値経営から共通価値経営へ／113

第11講 コーポレート・ガバナンスと経営分析 …………… 115

1. 意義と目的／116
2. コーポレート・ガバナンスの定義と歴史的な流れ／116
3. コーポレート・ガバナンス分析の重要な要素と評価基準／118
4. 個別企業のコーポレート・ガバナンス分析：オリンパス，大王製紙，ＴＤＫ／120
5. 優れたコーポレート・ガバナンスの事例：資生堂／123

第12講 ＰＥＲとＰＢＲ …………………………………………… 126

1. 手法の意義／127
2. 基本的な事項／128
3. ＰＥＲとＰＢＲの求め方／131
4. ＰＥＲ，ＰＢＲの指標としての役割／134

第13講 ＥＶＡ®による企業評価 ……………………………… 136

1. 本講の意義・目的と概要／137
2. ＮＯＰＡＴと投下資本の算定要素について／138
3. 資本コスト率の算定方法／139
4. 事例研究－東　芝－／140
5. 指標の時代的位置づけ／144

第14講 キャッシュフローと経営分析 ………………………… 146

1. 目的と意義／147
2. 分析と検討／148

3　経営全体の中での位置付けと評価／152

　　　4　事例－キャッシュフロー計算書を用いた
　　　　　日本航空の支払能力評価－／153

第15講　ベンチャー・ビジネスと経営分析 ……………………… 161

　　　1　ベンチャー・ビジネスの意義／162

　　　2　ベンチャー・ビジネスの財務的特徴／163

　　　3　新規株式公開
　　　　　(Initial Public Offerings：ＩＰＯs)／167

　　　4　事例－（株）タイセイ／173

第16講　M＆Aと経営分析 ………………………………………… 180

　　　1　経営目標の変遷とM＆A／181

　　　2　M＆Aにおける企業価値評価の意義／181

　　　3　インカム・アプローチによる評価（ＤＣＦ法）／182

　　　4　マーケット・アプローチによる評価
　　　　　（市場株価法・類似会社比較法）／183

　　　5　純資産アプローチによる評価（時価純資産法）／184

　　　6　事 例 分 析／185

第4部　社会的評価力と経営分析

第17講　環境問題と経営分析 ……………………………………… 191

　　　1　意義・目的－企業活動による環境への影響および
　　　　　環境保全活動を分析する／192

　　　2　手　　　法／193

　　　3　財務報告から統合報告へ／195

- 4 事例－リコー／195

第18講 NPOの経営分析 …………………………………… 198
- 1 NPOとミッション／199
- 2 NPOの評価基準／200
- 3 NPOの財務指標／203
- 4 NPOの分析事例／206
- 5 調和型・共通価値経営とNPOの経営分析／211

第5部 経営分析の限界

第19講 中小企業と経営分析 …………………………………… 215
- 1 中小企業の定義／216
- 2 中小企業のデータの特徴／217
- 3 信用調査会社を利用した中小企業のデータの入手方法／218
- 4 中小企業の経営分析の限界／220
- 5 中小企業がデータを公表するメリット／221

第20講 ESG投資と社会的価値 …………………………………… 223
- 1 トヨタ自動車とスズキ自動車の事業連携／224
- 2 企業価値とは何か／227
- 3 社会的価値の測定／230
- 4 機関投資家は社会的イノベーターになれるか／235

第1部

経営分析で経営力を見る

第1講

経営力と経営分析

目的と歴史

- 経営分析の目的　企業の経営力を見るもの
- 経営分析の歴史は，アメリカの銀行が企業の返済能力を見るために，自己資本比率を利用したのが最初

1．高度成長・拡大経営期の経営分析

成長力と経営分析
売上高成長率（倍）＝本年度売上高÷昨年度売上高
総資産成長率（％）＝本年度総資産÷昨年度総資産×100
営業利益成長率（％）＝本年度営業利益額÷昨年度営業利益額×100
シェア伸び率（％）＝本年度シェア－昨年度シェア

2．バブル崩壊後の経営分析

市場評価力と経営分析
ＲＯＥ，ＲＯＩ，ＲＯＣＥ＝Return ÷Equity 又はInvestment 又はCapital Employed
　　　　　　　　　　　　　　　（利益÷自己資本，投資額，使用資本）
ＥＶＡ®＝税引き後営業利益－資本コスト（⇒負債コスト＋株主の期待収益）
ＦＣＦ＝営業キャッシュフロー－現状維持のための投資

3．リーマンショック後の経営分析

社会評価力と経営分析
ステークホルダー分配比率＝各ステークホルダー分配額÷経済的価値の総和×100

4．日本的経営分析の新たな課題

- 外国人保有拡大をどう見るか
- 新・相互保有をどう見るか
- 成長ビジネスおよびグローバル化をどう見るか

高度成長・拡大経営期の経営分析

1 高度成長期の経営力－成長力

　本書では,「経営分析は企業の経営力を見るもの」と位置付けている。

　経営分析は様々な人達に利用されてきたが,世界の歴史においては,アメリカにおいて,銀行が企業の返済能力を見るために,自己資本比率を利用したのが最初とされている。

　日本においては,銀行や企業の活動が顕著になってきた明治時代まで遡って,経営分析の歴史を見るべきであるが,本書においてはさしあたって,第2次世界大戦後の1950年代にまで歴史を振り返って,経営分析とは何か,経営力とは何かを考えて見たい。

　日本企業の戦後の再建は,戦前の企業社会で大きな存在感を示してきたを財閥本社がGHQにより解体されたため,その財閥本社の傘下に存在した銀行,商社,主要メーカーを中心に復興がなされて来た。特に財閥系銀行,いわゆる都市銀行は,政府・日銀から復興資金が注入されたため,主導的立場を確立し企業集団の中核として,日本企業の再建を担ったのである。

　都市銀行,総合商社,主要メーカーは,持株会社の設立が禁止されたため,株式の持ち合いによって経営権を安定させた。そして都市銀行は成長資金を同系主要メーカーに供給した。これはその後大きな存在になるメインバンク・システム,系列融資の基幹資金となった。また総合商社は,同系主要メーカーが必要とする原材料の輸入や欧米の最新技術の導入をはかり製品の販売を手助けするなどした。そして事業の担い手である同系主要メーカーの再建に貢献したのである。

　株式持ち合いと系列融資によって構築されている企業集団の個々の構成員―都市銀行,総合商社,主要メーカーの経営力―を評価する視点は,「成長力」であった。資産規模,売上高規模,利益規模の大きさとその伸び率が重要なポイントであり,そのことによって,市場シェアをどれだけとっているかが大切な評価の視点であった。都市銀行,総合商社,主要メーカーの経営者は,対前

年比どれだけ資産，売上高，そして利益規模が伸びたか，自らはもちろん，関連の企業，傘下の企業を注意深く見ていたのである。なぜなら同系主要企業の対前年比の資産規模の伸びは，都市銀行にとっては貸し出し額の増大に繋がったし，総合商社の場合は，取引高の増大に繋がったのである。また主要メーカーにとっても，製品の販売の拡大をもたらしたのである。

こうした「成長力」を企業の経営力として見る評価方法は，1950年代からバブル経済が崩壊して企業集団に代わり外国人機関投資家が活躍する1990年代の初期まで続いた。

●図表1－1　経営力の変遷

年代	欧米—1880・85 日本—1995	～2008	2009～
経営形態	規模拡大経営	株主価値経営	共通価値経営 調和（循環）型経営
主要株主	欧米—個人 日本—銀行・商社・大メーカー	機関投資家 （英米機関投資家）	機関投資家 （公的機関投資家）
経営目標	成長率，シェア	株価の成長（ROE）	企業価値・社会的価値の両方
経営手法	売上・資産・利益の拡大	選択と集中	高付加価値製品の追求
イノベーション	多角化・グローバル化	キャッシュフロー管理，EVA®管理	リアル販売からバーチャルネット販売へ
経営パワー	成長力	株式市場評価力	社会的評価力

2　規模拡大経営と総資産ランキング

今述べたように，日本では，1950年から1990年頃まで，欧米では，1880年あるいは1885年頃までは，経営の基調は「規模拡大経営」であった。できるだけ経営規模を拡大することによって，マーケット・シェアを取っていこうというものであった。これは新技術，新製品の新たなマーケットで他企業と競争に打ち勝つための必然的な経営手法であったのである。日本では，1950・60年代自動車や家電が，70・80年代は3C（カラーテレビ，クーラー，カー）が新マー

ケットであった。この新マーケットでどれだけ早く確実にシェアをとれるか，これは企業の死活問題であったのである。マーケットが誕生し拡大している時には企業はシェアをとるために，積極的な在庫投資を展開する。多少過剰的であっても安全在庫という考え方で製品・商品を用意したのである。もし製品・商品の供給が遅れてしまえば，それは他社に市場を奪われてしまうからである。ゼロ在庫とかかんばん方式とかいう在庫政策が登場するのは80年代に入ってからである。

ところでこうした規模拡大経営を推進・保証していたのは，日本では同一企業集団の都市銀行，総合商社，主要メーカーの経営者であった。また欧米では，個人株主・投資家が分散し相対的に経営権を把握していた専門的な経営者であった。日本の場合，規模拡大経営は，都市銀行の貸し出しビジネス，預金獲得に貢献したし，総合商社は製品，部品，原材料の供給，仕入れに資するものであったので大いに流通ビジネスを拡大したのである。また主要メーカーも販売のマーケットが拡大するので，この規模拡大経営は大いに自らにも貢献したのである。

したがって，1990年のバブル崩壊までは，日本企業は成長率・シェア拡大を経営目標にして売り上げ，資産，利益を伸ばしていった。当初は新技術導入による技術革新，新製品がイノベーションの主力であったが，70・80年代は多角化・グローバル化という外延的拡大へと変化をしていったのである。こうした時代の経営力は，マーケットに対してどれほど製品，サービスを提供できるかの製品・サービス供給力であり，拡大するマーケットの中で新製品・新サービスを販売していく販売促進力であった。また所要資本を支える資金力であった。

当時の企業ランキングを見れば，したがって規模を示す「総資産ランキング」が，企業の経営パワーを示す代表的なものとして取り上げられたのである。

● 図表1－2　上位10銀行（総資産額基準）推移

(単位＝百万ドル)

年度	1980年			1985年			1991年		
	銀行名	国	資産額	銀行名	国	資産額	銀行名	国	資産額
1	シティコープ	米国	109,551	シティコープ	米国	167,201	第一勧業銀行	日本	445,707
2	バンク・オブ・アメリカ	米国	106,803	第一勧業銀行	日本	157,659	住友銀行	日本	427,102
3	クレディ・アグリコル	仏国	106,646	富士銀行	日本	142,128	三菱銀行	日本	424,679
4	パリ国立銀行	仏国	105,584	住友銀行	日本	135,388	さくら銀行	日本	420,348
5	クレディ・リヨネ	仏国	98,833	三菱銀行	日本	132,939	富士銀行	日本	418,956
6	ソシエテ・ジェネラル	仏国	70,794	パリ国立銀行	仏国	123,081	三和銀行	日本	411,704
7	バークレイズ	英国	88,474	三和銀行	日本	123,008	クレディ・アグリコル	仏国	309,203
8	ドイツ銀行	独国	88,242	クレディ・アグリコル	仏国	122,891	農林中金	日本	306,933
9	ナットウェスト	英国	82,447	バンク・オブ・アメリカ	米国	114,751	クレディ・リヨネ	仏国	306,335
10	第一勧業銀行	日本	79,451	クレディ・リヨネ	仏国	111,458	日本興業銀行	日本	302,418

（出所）『THE BANKER』各年版により作成。

③　成長力と経営分析

　大戦後からバブル崩壊までの高度成長期における都市銀行，総合商社，主要メーカーを中心とする企業集団関連企業を評価する視点は，「成長力」というものであった。資産規模，売上高規模，利益規模の伸び率，また市場シェアをどれだけとっているかが大切な評価の視点であった。経営者は，対前年比どれだけ資産，売上高，そして利益規模が伸びたか，注意深く関連の企業，傘下の企業を見ていたのである。なぜならば，対前年比の資産規模の伸びの大きさは，都市銀行にとっては貸し出し額の増大に繋がったし，総合商社の場合は，取引高の増大に繋がったからである。さらに主要メーカーでは売上，利益の増加に貢献した。

　「成長力」を示す代表的な指標は次のようなものである。

　　　売上高成長率（倍）＝本年度売上高÷昨年度売上高
　　　総資産成長率（％）＝本年度総資産÷昨年度総資産×100
　　　営業利益成長率（％）＝本年度営業利益額÷昨年度営業利益額×100
　　　シェア伸び率（％）＝本年度シェア－昨年度シェア

　売上高が伸びれば高く評価されるが，しかし同業他社も伸びている可能性がある。特に高度成長期には市場規模全体が伸びているので，すべての企業が成

長している可能性もある。したがって，同業他社の成長率と比較して評価しなければならない。また，無理をして伸ばしても持続性がないということもあるので，ある程度長期的な視点で見る必要もある。

総資産も同様でただ伸びればいいというものではない。在庫，設備などがバランスよく伸びているか，企業間信用などの残高の伸びが貢献しているだけで取引や決済面で実際に伸びているのか，そうした点検も必要である。

営業利益の伸びは高く評価されるが，問題はそれが売り上げの伸びなのか，仕入れ原価の削減によるものなのか，また人件費・一般管理費の節減か，十分に点検が必要である。全体的に見て無理がないかどうかチェックが必要である。

シェア伸び率は企業にとって重要だが，市場規模が拡大している中でのシェアの伸びか，停滞もしくは縮小の中での伸びか，考慮しなければならない。市場規模の拡大の中での伸び率上昇であれば評価できるが，停滞・縮小の中であればそれは手放しで是とするわけにはいかない。製品・サービス市場の中での該当品目の評価の内容の中で検討すべきである。

このような問題点は存在するものの，高度成長期・拡大経営のなかでは，これらの指標が注目され，また活用されたのである。

バブル崩壊後の経営分析

1　バブル崩壊後の経営力－株式市場評価力

バブル崩壊後，都市銀行，総合商社，主要メーカーの株式持ち合いやメインバンク・システムが弛緩して来ると，投資収益性を重視する外国人機関投資家が日本の株式市場を席捲してくるようになった。

外国人機関投資家の実態は，英米を中心とする保険・年金・投資信託であり，株式投資の目的は投資リターンであった。投資リターンは，株価の成長と支払い配当額の和で決まるが，特に重要なのが株価の成長である。株価が長期的・持続的に値上がりしていけば，機関投資家は大きな投資リターンを手に入れることができるからである。

株価の成長や配当支払いを保証するものは，株式市場の景気などの環境を無

視すれば，企業の利益率，とりわけ自己資本営業利益率（ＲＯＥ）の上昇である。自己資本営業利益率は，まず営業利益を拡大することであるが，これは①売上高を大きくすること，②売上原価を抑えること，③営業経費を削減することなどで実現する。

自己資本営業利益率（ＲＯＥ）＝営業利益÷自己資本×100

ＲＯＥを引き上げるためには，営業利益を拡大することの他に，自己資本を縮小して相対的に利益率を引き上げる方法もある。自己株式の取得や資産の証券化など，様々な手段で自己資本の圧縮がはかられる。

ＲＯＥの引き上げを促進するために，機関投資家は株式市場から，あるいは社外取締役などを送り込んで，経営陣を監視する。これをコーポレートガバナンスという。この機関投資家のガバナンスにあって，様々な経営分析手法が考え出されるが，その典型的なものが，効率性比率である。

効率性比率＝営業費用÷売上高×100

この比率は，前期と比較して低ければ，経営努力がなされていると見ることができる。なぜなら営業費用を節約してある一定の売り上げや，営業利益を達成するということは経営効率が向上していることを意味するからである。

営業費用は，人件費，営業経費，減価償却費などが考えられるが，ここでは人件費が重要である。しかし人件費を削減することは，そう簡単なことではない。そこでまず考え出されたのが，正規労働者を非正規やアルバイト，そして派遣労働者に換えていく方法である。人件費という固定費をアルバイト料などの変動費に置き換えていくのである。固定費の変動費化である。そして人件費を最終的には解雇によって削減していく。労働力市場には派遣労働者やフリーターが急増していく。

派遣労働者やフリーターが増加しても，中小企業が成長し，ベンチャー企業が起ち上がって，正規雇用が拡大すればよいが，それが相対的に少なければ，街にはどんどん失業者が溢れるということになる。

人件費の削減に続いてＲＯＥを引き上げる方法は，分母の自己資本を小さくする方法である。これには証券化や自己株式の取得などが活用される。

証券化は，金融債権や建物などを特別会社に売却し，特別会社はそれをもとに証券を発行，調達資金を売却先に支払い，企業や銀行はそれによって負債などを圧縮したり，自己株式を取得して，自己資本を小さくするのである。

このようなＲＯＥの引き上げ競争は，もちろん社長（ＣＥＯ）や財務担当重役（ＣＦＯ）を中心にしている経営執行委員会によって展開されるが，この経営執行委員会の働き振りを見ているのが，社外取締役やファンドである。

機関投資家，ファンド，社外取締役などの評価のポイントは，株式市場からの評価の視点である。株価の持続的な成長に貢献するか，あるいは機関投資家の株式運用に資するかどうかである。すなわち「株式市場評価力」である。

こうした「株式市場評価力」を企業の経営力として見る手法は，1990年代からリーマンショックまでの2008年まで続いたということができる。

② 株主価値経営と経営分析

バブル崩壊以降，経営力の基準は一変した。株式市場からの評価である。株式市場からの評価は，株価の成長に凝縮されているが，株価の成長を支えるのは，自己資本利益率（ＲＯＥ）である。

ＲＯＥは，売上高の伸びによってももたらされるが，バブルが崩壊し，市場規模が急速に伸びない現状では，コストを削減して利益率を上昇させて行かねばならない。人件費を始とするコスト・カットが幅広く展開されたのである。

まず最初は営業キャッシュフローを拡大するために純利益の上昇がはかられたが，そのうちキャッシュフロー管理によって，在庫管理，企業信用管理が展開された。また，現状を維持する投資の節約のためや高い利益率分野に経営資源を集中するために，選択と集中も展開された。

こうした株価成長を中心とする株式市場からの評価を推進した主要株主は，欧米においても，また日本でも都市銀行，総合商社，主要メーカーに変わって日本の主要株主に台頭してきた英米の機関投資家であった。英米の機関投資家は，株価の成長のためにファンドを使い，社外取締役を送り込んで，コーポレートガバナンスと称してキャッシュフロー管理やＲＯＥ管理を徹底させたのである。

そして次には，ＥＶＡ®管理によって，株主の期待収益を獲得するために資本

コストの概念を導入して，投資収益の拡大をはかったのである。したがって，当時の企業ランキングは規模を示す総資産ランキングではなく，市場での評価を示す「時価総額ランキング」が企業の経営パワーを示す代表的なものとして取り上げられたのである。

● 図表１－３　世界の時価総額トップ30（2012年３月30日時点）

順位	企　業	所在地	業　種	時価総額（億ドル）
1	アップル	米国	ハードウェア・機器	5,590.02
2	エクソンモービル	米国	石油・ガス	4,087.77
3	ペトロチャイナ	中国	石油・ガス	2,789.68
4	マイクロソフト	米国	ソフトウェア・コンピュータ	2,706.44
5	ＩＢＭ	米国	ソフトウェア・コンピュータ	2,417.55
6	中国工商銀行	中国	銀行	2,363.35
7	ロイヤル・ダッチ・シェル	英国	石油・ガス	2,224.25
8	チャイナ・モバイル	香港	移動通信	2,209.79
9	ゼネラル・エレクトリック	米国	コングロマリット	2,123.18
10	シェブロン	米国	石油・ガス	2,119.51
11	ウォルマート	米国	小売	2,083.58
12	ネスレ	スイス	食品	2,073.76
13	バークシャー・ハサウェイ	米国	損害保険	2,011.35
14	中国建設銀行	中国	銀行	1,931.51
15	ＡＴ＆Ｔ	米国	固定通信	1,851.55
16	Ｐ＆Ｇ	米国	生活用品	1,851.23
17	サムスン電子	韓国	ハードウェア・機器	1,817.74
18	ジョンソン・エンド・ジョンソン	米国	製薬・バイオテクノロジー	1,813.90
19	ウェルズ・ファーゴ	米国	銀行	1,801.78
20	ＢＨＰビリトン	豪州／英国	鉱業	1,795.23

（出所）　FT Global 500 2012（http://www.ft.com/intl/cms/a81f853e-ca80-11e1-89f8-00144feabdc0.pdf）

③ 市場評価力と経営分析

　株式市場からの評価が注目されたバブル崩壊以降の1990年から2008年においては，次のような「利益率中心の指標」が利用された。
　ＲＯＥ，ＲＯＩ，ＲＯＣＥは，いずれも機関投資家の立場から見ての投資の収益性を示すものであるが，ＲＯＡではなくて資本金，自己資本という視点からリターンを分析している。

ＲＯＥ，ＲＯＩ，ＲＯＣＥ＝Return ÷ Equity 又はInvestment 又はCapital Employed
（利益÷自己資本，投資額，使用資本）

　次はＥＶＡ®（Economic Value Added，経済付加価値）である。これは「資本コスト」から投資の効率性・収益性を見ていこうとするものである。

ＥＶＡ® ＝税引き後営業利益－資本コスト（⇒負債コスト＋株主の期待収益）

　これで重要なのは，株主の期待収益である。機関投資家が株式市場から企業を評価する際に，株主の期待収益を実現するように，企業経営を見ていこうとするもので，機関投資家のコンサルタント業務をやっていたスターン スチュワート社が開発したものである。
　次は，フリーキャッシュフロー（ＦＣＦ）に関わるものである。

ＦＣＦ＝営業キャッシュフロー－現状維持のための投資

　これは「営業キャッシュフロー」から，企業の業績を見ていこうとするものである。売り上げを増やし，営業コストを減らせば，まず当期純利益を増やすことができる。次に在庫を減らせば，無駄にキャッシュを使わずに済む。そして売り上げ債権の回収を早め，仕入れ債務の支払いを長くすれば，キャッシュを無駄に用意せずに済む。この営業キャッシュの獲得能力が，フリーキャッシュフローの源泉である。営業キャッシュフローが大きければ，現状維持のための投資に使用したキャッシュを差し引いたフリーキャッシュフローが増加する。

第1講　経営力と経営分析

　フリーキャッシュフローは，借入金の返済など財務体質の改善，増配や自社株買いなどの株主還元に使うことができるし，さらに積極的に新規事業や企業買収などの戦略的事業投資に活用することもできる。
　したがって，キャッシュフローの分析は，機関投資家にとってきわめて大切な企業評価方法なのである。ＮＰＶ（Net Present Value，正味現在価値），ＩＲＲ（Internal Rate of Return，内部収益率法），ＰＰＭ（Payback Period Method，回収期間法）などは，このキャッシュフローをベースにして投資を評価するものである。また，VaR（Value at Risk）は，投資家が投資をする場合にその市場リスクを統計的手法で測定する手法で，これもまた機関投資家の投資手法の一つである。
　以上のように，この時期の主たる経営分析手法は，機関投資家が株式市場から，企業の経営内容を投資収益の観点から見ていくものであり，自己資本利益率（ＲＯＥ），資本コスト，営業キャッシュフローなどが主要項目であった。

3　リーマンショック後の経営分析

1　リーマンショック後の経営力－社会的評価力

　2007年リーマンブラザースが破綻して，株主価値経営が見直されることになった。これまで機関投資家は投資リターンに最大の関心を持っていたが，こうした姿勢が社会から強く批判されることになって，企業の経営者も株主だけではないステークホルダー，取引先，従業員，債権者，政府などの利害関係者にも強い配慮を示すようになってきた。また環境問題，社会問題にも一定の関心を示すようになってきた。
　これまでの株価の成長のみの評価方法を改め，ステークホルダーへの配慮への指標，企業における経済価値の分配にも気を配るようになってきた。具体的には，取引先に配慮して売上原価，販売費などの適正水準を考えること，また従業員の給与水準にもただ減額すれば良いというのではなく配慮するなどである。そして，社会問題にも配慮して社会貢献に対する支出も積極的に検討するとしている。さらに環境問題にも取り組み環境会計での環境保全費用の適切な

考慮も行うようになっている。図表1-4は，「東芝のCSRレポート」に示されたステークホルダーへの経済的価値分配であるが，企業の評価基準における利害関係者，社会，環境への配慮を読みとることができる。

● 図表1-4　ステークホルダーへの経済的価値分配

ステークホルダー	2012年度分配額（億円）	2011年度分配額（億円）	金額の算出方法
取引先	56,060	58,936	売上原価（人件費を除く），販売費・一般管理費（人件費を除く）
従業員	2,866	2,933	有価証券報告書記載の従業員数に平均給与を乗じたもの
株主	425	370	キャッシュフロー計算書の配当金の支払
債権者	327	318	営業外費用のうちの支払利子
政府・行政	598	642	法人税など
社会	29	30	社会貢献に関する支出を東芝が独自に集計
環境	431	547	環境に関する支出を東芝が独自に集計
企業内部	436	405	当期純利益から配当金支払い分を除いたもの

（出所）　東芝「CSRレポート2013」
(http://www.toshiba.co.jp/csr/jp/report/files/report2013_digest.pdf)

　こうしたステークホルダーへの経済的価値分配に示されていることは，企業の評価が，株式市場から社会的な評価の視点に移行したことを意味している。ここでは株主の評価は相対的に低下して，顧客・取引先，従業員，社会，環境などの評価が重要になってきていることを意味している。

　したがって，重視される経営分析指標は，効率性指標やROE，そして株価の成長指標ではなく，顧客貢献指標や社会的評価指標が前面に出てくるのである。

2 社会評価力と経営分析

　リーマンショック以降経営分析の内容は大きく変わってきた。機関投資家から見た投資収益のみではなくて，ステークホルダーや環境，社会という観点も重視されるようになってきた。
　まず従業員への配慮，雇用の確保という観点から，雇用比率が注目されるようになってきた。
　雇用比率は次のように計算される。

　　　雇用比率＝正規雇用者数÷売上高×100

　これは，一定の売上高を実現する企業は，ある程度の雇用を確保すべきだという比率である。しかし労働集約的な企業はこの比率は大きく現れてくる。逆に資本集約的な企業はこの比率は小さくなってしまう。したがって，従業員を抱え込めば抱え込むほど，比率が大きくなるが，効率の悪い企業の存続を助長しかねない。そこでわれわれは，次のように修正する。

　　　修正雇用比率＝正規雇用者数÷営業利益×100

　このようにすれば，労働集約・資本集約とは関係なしに，この比率を利用することができる。そして，この比率が高ければ高いほど，雇用貢献度が高いということになる。
　そして大事なことは，営業利益を向上させて，雇用者数を増加させることが必要であるということである。雇用比率を高めに維持するため，営業利益を向上させないのではないかと危惧する人もいるが，それはあり得ない。なぜなら企業は基本的には営業利益を上昇させるために活動しているからである。
　また営業利益が上がるとこの比率は下がるが，その時は雇用比率を上昇させるように，雇用者を増やせばいいのである。もし雇用者を増やさなければ，そのような企業は雇用貢献が低いということで社会的批判を受けることになる。
　次に最近注目されているのが，「ステークホルダーへの経済的価値分配」である。これは，①人件費を除く売上原価，人件費を除く販売費・一般管理費，②従業員数×平均給与，③配当金支払，③支払利子，④法人税，⑤社会貢献額，

⑥環境保全費用，⑦純利益─配当金，の総合計を取引先，従業員，株主，債権者，政府・行政，社会，環境，企業内部のステークホルダーで除すことによって，分配比率を見ていくものである。

ステークホルダー分配比率＝各ステークホルダー分配額÷経済的価値の総和×100

この算式を採用すれば，極端な分配箇所を見ることができるし，推移を見れば，極端な分配が行われた年度を知ることができるので，その抑制をはかることができる。つまりそれぞれのステークホルダーへの配慮を数字によって，認識することができるのである。

 経営分析の課題

本書では，経営分析は企業の経営力を見るものと，位置付けている。

日本では，時代区分として，第2次大戦後からバブル崩壊までの第1期（1947〜1990年），バブル崩壊期からリーマンショックまでの第2期（1990〜2007年），そしてリーマンショックから今日までの第3期（2008〜今日）として分けることができるが，第1期の企業の経営力は「成長力」としている。これは当時，都市銀行，総合商社，主要メーカーが企業集団を形成して，相互依存のなかで企業・経営の拡大を図ってきたからである。具体的には資産規模や売上規模の成長である。

第2期の企業の経営力は，英米の機関投資家が株式市場から見た「市場での評価力」である。時価に具体化されているように株価で表現されているものは，ＲＯＥが資本還元されたマーケットの価格である。

第3期の企業の経営力は，「社会評価力」である。企業は第2期の強い株主価値経営指向の限界を反映して，ステークホルダーへの配慮を示している。そして，それだけではなく社会の経済的発展・社会的発展も同時に指向している。これは，共通価値経営と呼ばれている。こうした時代では，資産規模や株価ではなく社会性が企業の経営力として評価されるのである。

日本の経営分析はこのように，第1期では企業の「成長力」，第2期では企業の「株式市場での評価力」，そして第3期では企業の「社会評価力」の分析のツールとして発展してきたが，近年のグローバル化の進展，社会インフラビジネスの成長を見ると，外国人機関投資家の動向や社会インフラビジネスでの巨大企業連携のダイナミズムも視野に入れて，現代企業の経営力を検証しなければならない時代にきている。

　そこで最後に，日本企業の経営分析を行う上で，今後の課題について考えて見よう。

1 外国人の保有が拡大する日本株投資

　まず第1は，各企業の株主構成において，外国人株主・投資家の保有が増大しているということと関連付けて考えて見よう。

　このことの意味することは，日本の企業が，業績や市場の動向に敏感な投資家，つまり流動的な外国人投資家に所有の多くを依存しているということである。また逆に，外国人保有が日本企業に定着し，投資先としての日本の企業の存在が定着してきたことを意味している。

　したがって日本の企業の経営者は，常にグローバルな視点，国際的な視点で自分達が晒されている，評価されているという視線を認識しておかねばならないということである。

　こうしたグローバル企業，国際的企業としては，経営判断において国際的なステークホルダーの利害関係を念頭において，経済的価値分配を考えねばならない。利害関係者の国籍をチェックして，偏りがないか十分な配慮をしていかねばならないことを意味している。

　　　　国籍別ステークホルダー分配比率
　　　　＝国籍別各ステークホルダー分配額÷経済的価値の総和×100

● 図表1-5　三菱ＵＦＪフィナンシャルグループの10大株主

順位	三菱銀行 1987年3月末 発行済株式 2,323,528千株		東京三菱銀行 2001年10月末 発行済株式 4,675,455千株		三菱ＵＦＪ 2012年10月末 発行済株式 14,158,585千株	
	株主名	持株比率(%)	株主名	持株比率(%)	株主名	持株比率(%)
1	明治生命保険	6.1	明治生命保険	4.9	日本トラスティ信託口	6.2
2	東京海上火災	4.6	日本生命保険	3.6	日本マスター信託口	4.6
3	第一生命保険	4.0	住友信託銀行信託口	2.7	ＳＳＢＴオムニバス	2.6
4	三菱重工業	3.5	東京海上火災	2.6	日本生命保険	1.9
5	日本生命保険	3.4	第一生命保険	2.5	日本ＴＳ信託口	1.8
6	太陽生命保険	1.9	三菱重工業	2.0	ステート・Ｓ・ＢＴ	1.6
7	三菱商事	1.9	三菱信託銀行信託口	1.6	日本マスター信託口（明治安田生命）	1.2
8	三菱信託銀行	1.6	太陽生命保険	1.3	チェース・ロンドン	1.2
9	新日本製鉄	1.6	ヒーロー＆カンパニー	1.1	ＢＯＮＹメロンフォーデポジタリーホルダーズ	1.1
10	旭硝子	1.5	三菱商事	1.0	トヨタ自動車	1.0
	外国人持株比率		外国人持株比率	11.9	外国人持株比率	31.6

（出所）　東洋経済新報社『会社四季報』各年版。

2　新・相互保有と経営分析への影響

　今後の課題の第2は，「預かり資産」をどう見るかということである。

　預かり資産の実態は，各企業集団の信託銀行の信託財産による「相互保有」である。かつては，それぞれの企業集団内部で相互保有をしていたが，その持ち合い比率は低下し，現在では「預かり資産」による企業集団間の相互保有によって国内企業，国内企業集団は連携・協調をとっているのである。

　かつては企業集団内での資金のやり取りのみを自己資金の取引と見たが，これからは，三菱ＵＦＪ，三井住友，みずほの3グループの資金のやり取りを，自己資金のやり取りと見なくてはならない側面も出てきた。企業集団間の競争

と協調である。国内では激しく競争しながら,しかし同時に大きなビジネスチャンスにおいては,国際競争の場で協調をするということもあるという多様な側面を考えておかねばならない。例えば新興国における原子力事業の受注においては,三菱とアレバの連携,東芝とGEの連携など端的なものである。

③ 成長ビジネスと経営分析

経営分析を企業の経営力を評価すると見るならば,現代の企業社会において成長ビジネスは何かということを見ておかねばならない。これが,第3の課題である。われわれは,現代の企業社会においての成長ビジネスは,社会インフラビジネスであるということを念頭において分析のあり方を考えてきたが,こうした成長ビジネスは時代と共に変化していくので,いまの成長ビジネスが何か,そのビジネスを分析するツールは何が有効かを考えることが必要である。

現代のグローバル時代にあっては,連結財務諸表を分析資料として経営分析は行われるが,国別・エリア別の財務データも求められるであろう。国際分業とアウトソーシングが活発な多国籍企業では,分析の前に企業経営の実態と動向をしっかりと見つめておかねばならない。

今日の経営分析では成長ビジネスという歴史的な経営のダイナミズムとグローバルな経営のダイナミズムの両面を明確に把握して分析することが必要なのである。

(本講は,明治大学経営学研究所『経営論集』第61巻第2号,2014.3.31に加筆・修正したものである。)

(坂本　恒夫)

第2講

経営分析の体系

1. 経営分析の分類

　誰が，何のために分析を行うかで分類される。銀行が融資の判断を行うため，経営者が自社の経営管理を行うため，投資家が株式投資をするかの判断を行うため，など。

2. 信用分析

・銀行による企業への融資の際に行われる，返済能力を確認するための分析
・銀行による信用分析で最も基本的なものが「流動比率」。流動資産と流動負債に注目して，流動負債を返済するための能力が十分にあるか，短期的な支払能力を示す指標。

3. 経営分析（狭義）

・現時点だけでなく将来の支払い能力を維持・管理するために行われたのが，「収益性分析」
・経営者が行う自社の分析は，「内部分析」と呼ばれ，「管理会計」の分野である。
・規模拡大経営期には成長力が重視されたが，株主価値経営期には株式市場評価力を重視した分析がなされた。

4. 投資分析

・企業経営者によって行われる投資分析…企業による株式や社債等への投資，M&A
・投資家によって行われる投資分析…株式投資者や株主が株式売買を行う際に，インカムゲイン（配当）やキャピタルゲイン（値上がり益）が得られるか，社債投資者が社債の売買を行う際に，元本の償還がなされるか，利息は支払われるか
・英米機関投資家は，投資に見合うだけの利益が得られるか，言い換えると株式市場で高い評価が得られる企業であるかどうか，についての分析を行っている（株式市場評価力分析）。

5. 社会的評価力分析

・サブプライムローン問題以降，株主利益だけでなく，さまざまなステークホルダーも考慮した経営が求められるようになっている。
・ステークホルダーとは，株主，従業員，取引先，債権者，顧客，地域社会なども含む利害関係者のこと
・現代の企業に対する経営分析は，株主価値だけでなく，社会的な価値も同時に創造しているかを評価することが求められている。

経営分析の分類

　本書における経営分析は事業会社の経営力をはかるものと捉えているが，広義に経営分析を捉えるならば，誰が，何のために分析を行うかで分類することができる。具体的には，銀行が融資の判断を行うため，経営者が自社の経営管理を行うため，投資家が株式投資をするかの判断を行うため，などが挙げられる。本書は，日本企業の主要株主の変遷と関連させ，企業の評価形態を1995年頃までの規模拡大経営期，2008年までの株主価値経営期，2009年からの調和型・共通価値経営期に分類し，各時代において，誰がどのような分析手法を主要なものとしていたのか，を意識した構成となっている。そこで本講では，この経営分析の体系について，歴史的に見ながらそれぞれの時代において経営分析に何が求められていたか，信用分析・経営分析（狭義）・投資分析・社会的評価力分析という分析内容の変遷という観点から確認していく。

●図表2-1　経営分析の体系

		分析内容	分析主体	分析対象	評価指標	主要検討項目
経営分析（広義）	内部分析	経営分析（狭義）	事業会社	自社	企業成長力／株式市場評価力	業績（CVP分析，売上高利益率など）／株主による評価（ROE，EVA®など）
	外部分析	信用分析	銀行	融資先企業	企業成長力	元本返済，利息の支払い（流動性分析：流動比率など，安全性分析：固定比率，自己資本比率など）
		投資分析	株主	投資先・投資対象企業	株式市場評価力	キャピタルゲイン（PER，PBR）株主価値向上（ROE，EVA®，キャッシュフロー）
		社会的評価力分析	株主	全企業	社会的評価力	株主価値向上に加え，ステークホルダーへの価値分配，ESG（環境，社会貢献を含む）

（出所）　日本証券経済研究所編（1987），10ページをもとに作成。

2 信用分析

　経営分析の起源は，歴史を辿ると，アメリカの銀行が融資の際，融資先の支払能力を見極めるために行った信用分析に見ることができる。

　富裕層からの資金を高利で貸し付けていた前近代的銀行が，1900年頃から，一般の預金者の貯蓄資金を元手に低利の融資を行う近代的銀行に変化していった。企業は，産業構造の変化に伴い軽工業から重工業へ移行し，重工業に類する企業は巨額の設備投資を必要とした。その資金をいかに長期的・安定的に調達するかが課題となった。銀行は，このようなリスクの高い企業への融資を行う際に，必ず返済されるかをチェックする必要があった。そこで活用されたのが財務諸表である。財務諸表への関心が高まった契機が，アメリカにおいて，1913年に制定された連邦準備法（Federal Reserve Act）である。同法が，「加盟銀行が貸付先に対して割り引いた手形を連邦準備銀行が再割引するに際し，連邦準備銀行は財務諸表提出済であるとする記載なき手形は，これを再割引もしくは購入しないとした」[1]ことにより，財務諸表の重要性が認識されるようになったのである。

　銀行による信用分析で最も基本的なものが「流動比率」である。流動比率とは，流動資産と流動負債に注目して，流動負債を返済するための能力が十分にあるか，短期的な支払能力を示す指標である。流動資産／流動負債×100（％）で計算される。なお，当初は200％が理想とされてきたが，現在は130％～140％程度であれば，資金の余裕度から支払い能力は良好であると考えられている。

　規模拡大経営期における日本では，銀行を中心とした六大企業集団が日本経済の中心を担っていた。ＧＨＱによって財閥が戦争の経済的基盤であるとして解体させられた後，陽和不動産の株式買い占め事件，資本の自由化などが影響し，買収の危険性を認識した旧財閥系の同系企業が株式持ち合いを行って株主の安定化を図った。同系企業集団の株式を多数保有していたのが銀行（都市銀行）であり，事業会社が株式を保有する際には購入資金を融資していた。

　1970年代後半，企業集団における都市銀行は，「系列大企業生産物需要補完

融資」という融資形態をとっていた。都市銀行の資金は国債の購入，中小企業への貸出，消費者への貸出へと流れ，それらの資金を使って，政府は有効需要政策を実施，中小企業は銀行と同系の大企業の設備・機械を購入，消費者は同系大企業が販売する住宅・耐久消費財を購入した。このようにそれぞれの収益が大企業へと流れ，大企業が得た利益は預金として同系の都市銀行へと還元されていった[2]。

1980年代中盤からは，上記の資金使途が一巡し，都市銀行の資金は財テク・土地テク融資を行う大企業・中小企業・消費者へと流れた。銀行による融資先企業の信用分析は基本であるが，企業集団の中で銀行が中心的な地位を占めていた時代（規模拡大経営期）においては，同系企業集団への融資行動や，バブル期の過剰融資といった特殊な点も考慮する必要があろう。

3 経営分析（狭義）

前述の通り，産業構造の変化に伴い，企業は設備投資のための巨額資金を調達する必要に迫られた。長期資金を調達した企業は，現時点だけでなく将来の支払い能力を維持・管理しなければならなくなった。これが収益性分析である。収益性分析は，言い換えると企業の利益獲得能力を評価するもので，売上高利益率や総資本利益率，自己資本利益率などがこれに当たる[3]。企業外部者が行うものと企業内部者が行うものに分けられるが，経営者が行う自社の分析は，内部分析と呼ばれ，現在でいう管理会計の分野である。このような企業内部者の分析を経営分析と呼ぶ場合があるが，これは狭義の経営分析である。

六大企業集団が日本経済の中心であった規模拡大経営期には，将来の収益能力を見る成長力，収益性分析が，経営者だけでなく銀行においても，流動性分析に加えて盛んに行われていた。当時は他企業集団との競争が主要な経営課題であったため，売上・資産の成長や利益の伸び，市場シェアがどれくらいなのか，といった成長力，収益性をはかる指標が重視されていたのである。これが，株主価値経営期には，株式市場からの評価を得るための分析へとシフトしていくこととなる。

投資分析

　投資分析は，文字通り投資家が投資をする際に行われるものだけでなく，企業の経営者によって行われるものもある。企業経営者によって行われる投資分析は，企業による株式や社債等への投資だけでなく，M＆Aも含まれる。買収対象企業の選定の際には，当該企業の財務状況だけでなく非財務情報も集めて，買収するメリットがあるかを精査する。

　投資家は，株式投資者や株主が株式売買を行う際に，インカムゲイン（配当）やキャピタルゲイン（株価の値上がり益）が得られるか，社債投資者が社債の売買を行う際に，元本の償還がなされるか，利息は支払われるか，を検討事項として分析を行う。

　前述の通り，バブル崩壊以前は，六大企業集団がそれぞれ所属する企業間で株式持ち合いを行い安定株主を確保しており，外部の株主から圧力を受けることがなかった。株式持ち合いとは，企業同士がお互いの株式を所有することであり，この時代においては同系企業集団の多数の企業と持ち合いを行っていた。経営目標は他企業集団との競争で，いかに自身が所属する企業集団の売上高，シェアを獲得するか，であり，成長力が重視されている時代であった。

　しかし，バブル崩壊後，株価が急落する中で持ち合い株式を保有し続ける余力がなくなり売却へ動き，銀行（メインバンク）は多額の不良債権を抱え，貸し渋りをするなど企業と距離を置いた。これら市場に放出された株式の受け皿となったのが，英米機関投資家[4]である。これらの投資家が求めているのが投資に見合うだけの利益が得られるかであり，言い換えると株式市場で高い評価が得られる（株式市場評価力が高い）企業であるかどうか，である。英米機関投資家は，預かった資金を確実に運用して利益をあげていく受託者責任があるため，投資先企業に十分な株主利益を求めるのである。この評価指標として，具体的には，ＲＯＥやＥＶＡ®といったものが重視されるようになった。英米機関投資家はこれらの指標を主要な判断材料として，株式市場評価力が不十分な企業に対して株主総会において議決権を行使する（取締役再任案件に反対票を投じる）ことによって企業に働きかけた。主要株主がこれら英米機関投資家

に変わったため，日本企業は株主を意識した経営を行うようになった。

社会的評価力分析

　株主価値経営時代においては，株主，特に機関投資家による分析・評価が圧倒的な力を持っていた。しかし，サブプライムローン問題以降，その状況に変化が生じている。機関投資家から効率的な経営を求められた企業は，資産の圧縮を目的として証券化商品を組成し，2000年代中盤頃からの世界的なカネ余りの状況から，それら証券化商品など複雑な金融商品を機関投資家やファンドが購入していた。また，機関投資家に株主利益を求められた銀行も購入した。

　後に証券化商品が破綻するのであるが，このような商品が巨額に組成・販売されたのは，機関投資家やファンドの力（資金力）が強大になりすぎた結果であると言われており，サブプライムローン問題を引き起こした「行き過ぎた株主価値経営」が見直されるようになった。今日においては，株主利益だけでなく，さまざまなステークホルダーも考慮した経営が求められるようになっているのである。

　ステークホルダーとは，株主，従業員，取引先，債権者，顧客，地域社会なども含む利害関係者のことである。現在，ＥＳＧ問題（環境や社会，企業統治の問題）が注目されているように，企業は環境問題，貧困問題など，利益追求だけでない問題への対処が求められている。現代の企業においては，株主価値だけでなく，社会的な価値も同時に創造することが求められているのである。

【注】
1) 日本証券経済研究所編（1987）『経営分析ハンドブック』6ページ。
2) 坂本（1990），85～95ページ。
3) 総資本経常利益率（ＲＯＡ）＝経常利益／総資本×100（％），自己資本利益率（ＲＯＥ）＝当期純利益／自己資本×100（％）。これらの指標の計算時，場合によって分子は営業利益などが使われることもあり，ＲＯＥの分母は株主資本が用いられることもある（この場合は株主資本利益率）。何を求めたいかによって使い分けられるものであり，固定されているものではない。
4) 機関投資家とは，年金基金，生命保険，損害保険など，加入者から資金を預かって運用する機関の総称である。

【参考文献】

青木茂男『〔四訂版〕要説 経営分析』森山書店,2012年。
坂本恒夫『企業集団財務論』泉文堂,1990年。
坂本恒夫『成長財務の軌跡』T&Sビジネス研究所,2000年。
日本証券経済研究所編『経営分析ハンドブック』中央経済社,1987年。
松田修一『ビジネスゼミナール 会社の読み方』日本経済新聞出版社,2006年。
森田松太郎『ビジネスゼミナール 経営分析入門』日本経済新聞出版社,2002年。

(鳥居 陽介)

第3講

経営分析の方法

1．分析方法の分類

- 分析資料に財務資料を用いるかどうか，単一の時期か複数の時期か，個別企業のみで行うか相互比較をしながら行うか，実数を用いるか算出された比率を用いるのか，といった視点から，詳細に分類できる。
- 主に「企業成長力」「株式市場評価力」を測定するために用いられる「財務資料分析」（定量的分析）と，「社会的評価力」も含めて測定するために用いられる「非財務資料分析」（定性的分析）

2．比較分析

① 単一時期による個別企業の分析
② 単一時期による相互比較分析
③ 複数時期による個別企業の分析
④ 複数時期による相互比較分析

3．数値分析

「実数分析」
① 単純分析…ある一時点における数字を用いた方法
② 増減分析…2つ以上の時点における数字の増減を把握し，その原因を考察する方法
③ 均衡分析…収益－費用，収入－支出といった相互に関連する数値の分析

「比率分析」
① 関係比率分析…それぞれ独立しているが関係する財務諸表の数値を用いた分析
② 構成比率分析…特定の項目を基準として，それに対する各項目の割合を算出するもの
③ 指数分析（趨勢比率分析）…ある一時点の数値を基準値100として，他の時点の数値の増減を見る方法

4．非財務資料分析

- 財務データに現れない，会社の将来性や技術力，事業に関わるリスクといった定性的分析。社会的評価力を重視する時代においては重要な項目となる。
- 有価証券報告書の中に見ることができる項目は，主に以下の通り。
①沿革（企業史），②関係会社の状況，コーポレート・ガバナンスの状況（経営組織），③従業員の状況（人事・労務），④業績等の概要，対処すべき課題，事業等のリスク（経済情勢，経営環境，業界動向），⑤生産，受注及び販売の状況，研究開発活動（生産，マーケティング），⑥株式等の状況（財務），⑦役員の状況（トップ・マネジメント）

1 分析方法の分類

　経営分析の方法には，分析資料に財務資料を用いるかどうか，単一の時期か複数の時期か，個別企業のみで行うか相互比較をしながら行うか，実数を用いるか算出された比率を用いるのか，といった視点から，詳細に分類できる。それを表したのが図表3-1である。

　一番大きな区分は，貸借対照表や損益計算書などの財務データを使用する「財務資料分析」と，それら財務資料を使用しない「非財務資料分析」である。経営分析は基本的には財務データに基づいた分析を主に行うものであり，銀行による信用分析や投資家による収益性分析といった企業成長力，株式市場評価力を測る場合に用いられる。

　ただし，それだけでなく，財務データに現れない，会社の技術力，事業に関わるリスク，環境への配慮といった分析も同時に行う必要がある。これは，社会的評価力の測定の際に重要になる分析である。以下，詳細に分けられる経営分析の方法について，順を追って説明していく。

2 比較分析

　経営分析の出発点は，比較することである。比較分析は，半月や単年度などの一時点について分析する単一時期分析（単期分析），異なる時点・期間について時系列に分析する複数時期分析（複期分析）に分けられる。これらの基準は，個別企業1社の比較なのか，他企業，他グループなどと比較して分析するのかという視点でさらに細分化される。前者は個別企業の分析，後者は相互比較分析であるが，相互比較分析を行う際の対象は，他企業，他グループだけでなく，所属する産業（業界），標準指標との比較も重要である。同じ分析手法から導き出される数字・比率でも，業界によって水準が高かったり低かったりするので，同業他社・同業界と比較することが，より正確な分析結果を導く鍵となる。この比較の補助となるのが，標準指標である。標準指標とは，各種機関が公表している業界・産業別の指標であり，業界・産業ごとの平均等が記載

第3講　経営分析の方法

●図表3-1　経営分析の方法

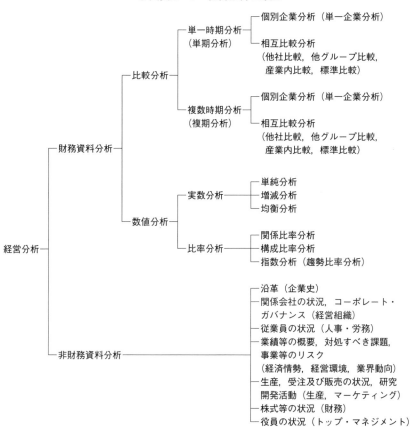

（出所）　日本証券経済研究所編（1987）『経営分析ハンドブック』12ページをもとに作成。

されている。標準指標を調査できる資料には，主に下記のものがある[1]。

○大企業（上場企業）
・日本経済新聞社『日経経営指標．全国上場会社版』
・日本経済研究所『産業別財務データハンドブック』
○中小企業（未上場企業）
・帝国データバンク『全国企業財務諸表分析統計』
・ＴＫＣ全国会『ＴＫＣ経営指標』

・東京商工リサーチ『ＴＳＲ中小企業経営指標』

分析の際の「期間」と「個別・相互」は，下記のように組み合わされる。

① 単一時期による個別企業の分析
② 単一時期による相互比較分析
③ 複数時期による個別企業の分析
④ 複数時期による相互比較分析

①単一時期による個別企業の分析は，個別企業をある一時点で分析する方法である。経営分析のスタートであり，例えば特定年度の損益計算書により，営業利益や経常利益，当期純利益といった業績がプラスであったかマイナスであったかを確認する。また，資本利益率の計算も単一時期の分析の代表例である。

次に，②単一時期による相互比較分析では，同一時点での複数企業の財務諸表を用いて，それらと比較しての分析である。他社と比べての業績の高低や，業界の平均や基準との比較も考えられる。

③複数時期による個別企業の分析は，個別企業を異なる時点や期間で分析する方法である。過去の実績との比較や，目標と実績の比較などで，対象とする個別企業の財務体質の傾向等が分析できる。

最後の④複数時期による相互比較分析は，異なる時点・期間を時系列に，複数企業と比較しながら分析する方法である。特定の他社，あるいは所属する産業内の企業などの，ある一定期間の財務諸表を用意し，それらと比較することにより，時系列的な傾向の違いを明らかにするものである。例えば業界内企業の５年間の財務諸表と比較し，業界の業績のトレンドと見比べることで，分析対象企業の業績の伸びが高い，あるいは低いといったことがわかる。

３ 数値分析

この分析は，財務諸表の数値をそのまま使用する「実数分析」と，それらの

数値を様々な計算で比率化する「比率分析」に分けられる。実数分析には，損益計算書の売上高，営業利益，経常利益，当期純利益といった数値や，計算結果が％で表示されない1株当たり当期純利益[2]や従業員1人当たり売上高[3]なども，こちらに該当する。一方，比率分析は，流動比率，固定比率といった計算結果が％で表示される，経営分析における基本ともいえる分析方法である。

1 実数分析

実数分析は，①単純分析，②増減分析，③均衡分析に細分化される。

①単純分析は，ある一時点における数字を用いた方法である。具体的には，流動資産から流動負債を引いて，正味運転資本を算出する，売上高から変動費を引いて限界利益を算出する，といった場合に用いられる。特定企業の絶対値が求められるため，企業間比較には向いていない。

②増減分析は，2つ以上の時点における数字の増減を把握し，その原因を考察する方法である。例えば，複数期の貸借対照表，損益計算書の数字を比較し検討する場合が挙げられる。

③均衡分析は，損益分岐点分析のような，収益—費用，収入—支出といった相互に関連する数値の分析である。

2 比率分析

比率分析は，①関係比率分析，②構成比率分析，③指数分析（趨勢比率分析）に細分化される。

①関係比率分析は，例えば貸借対照表と損益計算書といった，それぞれ独立しているが関係する財務諸表の数値を用いた分析である。貸借対照表の自己資本，損益計算書の当期純利益を用いてＲＯＥ（自己資本利益率）を，貸借対照表の資産，損益計算書の経常利益を用いてＲＯＡ（総資産経常利益率）を算出する，といった場合である。

②構成比率分析は，特定の項目を基準として，それに対する各項目の割合を算出するものである。これは，例えば損益計算書に見られる，売上高を基準とした各利益の割合である。売上高総利益率，売上高営業利益率，売上高経常利益率などが挙げられる[4]。

③指数分析（趨勢比率分析）は，ある一時点の数値を基準値100として，他の時点の数値の増減を見る方法である。

財務諸表分析においては，比較分析と数値分析を相互に連携させながら，検討していく必要がある。

 非財務資料分析

これまでは財務資料を用いた分析を見てきたが，前述の通り，財務諸表の数値は過去の結果であり，その会社の将来性や潜在能力までは完全に反映されていない。そこで必要なのが非財務資料分析である。非財務資料は，上場企業であれば有価証券報告書の中に見ることができる。検討すべき主な非財務の項目は，同報告書の順番で並べると，以下１～７のようになる[5]。

1 沿革（企業史）

社歴が長い企業かどうか，業務内容の変遷はあるか，経営難に陥った時期があったか，などを概観する。頻繁に業務内容が変わっている企業や，工場の閉鎖や事業の撤退が多く見られる場合は，注意が必要であろう。有価証券報告書では，「第一部　企業情報」「第１　企業の概況」の「沿革」「事業の内容」がこれに当たる。

2 関係会社の状況，コーポレート・ガバナンスの状況（経営組織）

ここでは，分析対象会社の組織構造を確認する。ガバナンス体制が不十分な企業であれば，不祥事が起こる可能性も高くなる。形式が整っていても不祥事が起こることはあるが，監査役会設置会社なのか委員会設置会社なのか，といった組織構造（ガバナンス・システム）などは把握すべき項目と言える。また，どのような会社が連結子会社や関連会社として名を連ねているか，についても確認すべき事項の１つであろう。有価証券報告書では，「第一部　企業情報」「第１　企業の概況」の「事業の内容」「関係会社の状況」，「第４　提出会社の状況」の「コーポレート・ガバナンスの状況等」がこれに当たる。

3 従業員の状況（人事・労務）

従業員が働かなければ売上は上がらないのは当然のことであるが，従業員がどのような環境・条件で働いているのかを知ることは，当該企業の従業員のやる気の度合いを測る参考になろう。

有価証券報告書の「第一部　企業情報」「第1　企業の概況」の「従業員の状況」では，従業員数，平均従業員数，平均勤続年数，平均年間給与について記載されている。平均勤続年数が短い場合は，従業員の入れ替えが多いということであり，注意すべき場合がある。また，従業員の給与が適正水準か，あるいは低すぎないか，についても確認事項である。

4 業績等の概要，対処すべき課題，事業等のリスク（経済情勢，経営環境，業界動向）

金利・為替相場の動きや他国の経済危機等，マクロ的な経済環境の動向は，把握しておかなければならない。その上で，業界が抱える問題，個別企業が抱える問題を認識することで，将来性も含めたより正確な分析となる。

5 生産，受注及び販売の状況，研究開発活動（生産，マーケティング）

どのような生産体制をとっているかは近年重要な項目になっている。アップル社のように自社工場を持たず，生産はアウトソーシングするといった企業が増えてきているからである。また，いかに優れた商品を生産していたとしても，販売体制が非効率であれば利益が上がりにくく，顧客に認知してもらうためのマーケティング活動を疎かにしてはならない。さらに，これらの点における活動の確認とともに，研究開発の状況も見ておくべき項目である。販売企業は常に新しい商品・サービスを提供し続けなければ，生き残ることはできない。

6 株式等の状況（財務）

財務数値は財務諸表で確認できるが，それ以外にも確認すべき項目が，株式等の状況である。誰がその会社の株式を多く保有しているのか，については「大株主の状況」の項目である。議決権の割合が高い，言い換えると会社に対する影響力が強い人物（機関・企業）は誰か，が分かる。創業者が上位株主に

名を連ねている企業や、銀行・事業会社が上位の企業、英米機関投資家が上位の企業もあり、これらの株主が企業に与える影響は大きい。

7 役員の状況（トップ・マネジメント）

誰が経営を担っているのか、を知ることも必要であろう。「第4 提出会社の状況」「役員の状況」で、その会社に所属する取締役、監査役、社外取締役、社外監査役全員の略歴を見ることができる。

以上、有価証券報告書と関連させて、非財務資料分析の方法について説明したが、もちろん、これ以外の非財務情報も集め、分析に加える必要はある。社会的評価力を重視する時代においては、これらに加えて環境への配慮、社会貢献といった項目の評価が重要となる。

このように、経営分析は、財務資料と非財務資料を総合的に検討して行われるものである。

【注】
1) 各資料の詳細、標記以外の資料については、国立国会図書館リサーチ・ナビ（http://rnavi.ndl.go.jp/research_guide/entry/theme-honbun-102862.php）を参照のこと。
2) 当期純利益／発行済株式総数 で計算される。単位は円。
3) 売上高／従業員数 で計算される。同じく単位は円。
4) 損益計算書百分比という。ちなみに、表記の比率の計算式は以下の通り。売上高総利益率＝売上総利益／売上高×100％、売上高営業利益率＝営業利益／売上高×100％、売上高経常利益率＝経常利益／売上高×100％。
5) 本講では、財務資料（財務諸表）の使用の有無で分類したが、定量・定性で分類することも可能である（非財務資料には、定量的、定性的データの双方が存在する）。

【参考文献】
青木茂男『〔四訂版〕要説 経営分析』森山書店、2012年。
日本証券経済研究所編『経営分析ハンドブック』中央経済社、1987年。
松田修一『ビジネスゼミナール 会社の読み方』日本経済新聞出版社、2006年。
森田松太郎『ビジネスゼミナール 経営分析入門』日本経済新聞出版社、2002年。

（鳥居　陽介）

第2部

企業成長力（製品力・販売力・資金力）と経営分析

第4講

企業成長と経営分析

1. 企業成長とは何か
- 形態的あるいは量的な変化。より高い段階に進むこと
- 高度成長期は量的側面に注目
- 企業は質的成長をも含んだ変革を図りながら成長

2. なぜ成長は必要か
- 経営資源の集中集積を促し市場支配力を確保するためには、競合する他社以上の企業成長が不可欠

3. 企業成長の指標は何か
- 成長要因が何であるかを見極めることは困難であるが、違いを見極めることが重要
- 健康診断と同様に多角的な分析が必要

4. 指標の基礎となる要素項目の検討
- 経営分析は財務諸表に関わる分析が中心
- 今後は非財務的指標の分析が重要性を増す
  ① 総資産
  ② 資本金
  ③ 売上高　売上高の伸びの検討
  ④ 利益額　営業利益の伸びの検討
  ⑤ 研究開発投資　売上高に対する割合の検討
  ⑥ 付加価値　売上高に対する割合の検討
  ⑦ 生産性　労働生産性の検討

5. 事例－研究開発費の割合が高い製薬業界

企業成長とは何か

　一般に成長とは，形態的あるいは量的な増大を伴う変化や，物事が発展し，より高い段階に進むことを指す言葉である。確かに，われわれ自身のことを振り返ってみても，成長とは単に量的な変化だけではなく質的な変化を指すことが多い。「一人前に成長した」のように，能力など質的に変化した場合に使われることもしばしばである。

　しかし，企業の成長を語るとき，特にわが国の場合は，量的側面に注目することが多かったように思われる。それは，第二次世界大戦を経て，廃墟からの復興が当面の目標であったことが大きく影響している。絶対的な物資の不足が社会全体を量的拡大にかりたて，長らく政策課題としてきたことが理由のひとつである。

　そしてその後の高度経済成長期においても，わが国企業が世界でその存在を拡大してきたのは，量的な成長によるものであった。しかし，一方でそうした量的成長と同時に，新たな技術開発やビジネスモデルの構築によって，市場では新たなプレーヤーも誕生している。一定の環境に適応する中で質的成長も遂げてきている。わが国企業は，幾度となく成長の限界を指摘されながら，個別企業はいわば進化という質的成長をも含んだ変革を図りながら今に至っている。企業の成長を議論する際，見逃すことのできない重要な視点である。

2 なぜ成長は必要か

　企業はこのように，一定の環境に適応しながら持続的成長を目指して企業活動を行っている。企業の新たな質的成長が市場において相対的に有利に働くとき，量的拡大がもたらされる。そして量的成長がさらに質的成長を促すという循環ができれば，その企業は飛躍的な成長が期待できる。逆に，企業は常に成長を目指さなければ衰退し，いずれ市場から退出を余儀なくされる。現代の経済社会は競争環境の中で不断に変化していて，その変化に対応できなければ成長どころか継続企業すら望めなくなる。

また，企業はさまざまな資源が集中集積する場である。そこでは企業がどのように評価され信頼されているかが重大な要件となる。利害関係者の評価が低ければ資金調達は困難になるし，評価が高まれば資本市場での評価も高まり株価の上昇も期待できる。そのことによって従業員のモラルも高まり人材にも恵まれ，競争優位にもつながるに違いない。経営資源の集中集積を促し，市場支配力を確保するためには，競合する他社以上の企業成長が不可欠な条件となる。

３　企業成長の指標は何か

　企業行動を過去から現在に至るまで，その姿を企業成長の事実として確認できても，成長要因が何であるかを見極めることは多くの困難が予想される。人的，物的，財務的要因が複雑に絡まっていたであろうことは容易に想像できる。しかし，それらがどのように構成され，成長に貢献していたかを計測することは簡単ではない。

　経営分析は競争の要件を除けば人の健康診断に似ている。医学の進歩によってさまざまな検査数値を体調管理や投薬で改めることは多くの場合可能となってきている。しかし，健康な人がなぜ健康なのかを要因分析するのは容易ではない。さらに体力増進や長寿の秘訣となると，どのような処方箋が提示できるであろうか。企業経営の場合は，これに競争という要因が加わる。

　経営分析において企業成長を語るとき，多くの場合，最大の関心事は将来の成長予測である。企業成長は不可欠であるが，将来の企業成長を予想することは不可能に近い。それでは原動力である成長要因を何で測るのか。ここでは，多くの制約条件を受け入れながら，多角的にしかも限定的に論じざるを得ない。

４　指標の基礎となる要素項目の検討

　経営分析では，財務諸表に関わる分析を中心として検討されてきている。財務諸表は，公認会計士等の第三者が介在した信頼性ある情報であることから，それを利用して判断していくことの意義は大きい。しかし，財務諸表に示された情報は，企業行動を一定の認識測定基準に従って貨幣数値で公表されたにす

ぎない。そのため経営実態がそのまま忠実に投影されているかについては、限界があると認識しなければならない。

また、非財務的要因が財務情報に影響を及ぼしていることも十分考えられる。そのため、財務的指標を中心とする分析のみならず、今後は、非財務的指標を基礎とする分析がますます重要となってくる。

●図表4－1　企業成長を分析するための指標

	量的評価	質的評価
財務的指標	・総資産 ・売上高 ・利益額　など	・研究開発投資 ・付加価値　など
非財務的指標	・従業員数 ・市場占有率 ・生産能力　など	・生産性 ・製品品質 ・顧客満足度 ・ブランド ・社会貢献度 ・環境経営　など

企業成長を議論し分析する場合は、ある一定の期間で比較する方法や時系列で比較する方法がとられる。以下ではいくつかの項目の特徴を検討してみることにしよう。

1　総資産

従来の経営分析では、企業規模の量的拡大の程度を測定するための指標として利用されてきた。しかし、その資産の中には棚卸資産や不良債権も含まれている。企業成長の指標として使う場合は質的充実も考慮することが必要不可欠であることから、中身の評価抜きに指標とすることは問題がある。また、どのような減価償却方法を選択するかによっても数値が異なってくるので、注意が必要である。

2　資本金

従来から資本金の額は規模別に分類・評価する場合の指標として用いられて

きた。したがって，その額の変化は企業成長の指標として利用できそうに思える。しかし，資本金は，設立または株式の発行に際して，株主となる者が会社に払い込んだ額であって，その額の2分の1を超えない額は資本準備金とすることもできる。また，準備金等からの資本金への組み入れも認められている。資本金の規定は，株主有限責任の原則により，会社財産を堅持する上で基準とされているものであって，厳密には会社の規模を測る基準とはなりえない。企業成長と関連づけることはあまり意味のあることではない。

③ 売　上　高

売上高の大きさは企業の販売力を表すものとして重要な指標である。短期間での企業成長をみる場合には，前年度との売上高の対比による増減率でみる見方がある。しかし，昨今の外部の経済環境の変化が激しい時代には，より長期の安定した趨勢を分析する売上高成長率を求める必要がある。ある年度を基準として指数化する方法や，その期間の平均成長率を求める方法である。

なお，売上高は企業成長を測る指標として広く使われているが，異なる業種・業態間での比較には注意が必要である。同一企業でも従来とは異なる事業による売り上げが加わった場合も同様である。例えば，商品仕入れのある小売業のような業種の企業が，サービス業のように仕入れのない事業を始めたか，もしくは行っている場合である。

例えば，小売業A社とサービス業B社がともに売上高が1億円であっても，その意味するところは全く異なる。少なくとも後述する売上総利益は大きく異なる。損益構造が異なるので，単純に比較しても意味がない。まして，両社が同じく売上高が1千万円増加したからといって，同様の企業成長として扱うには無理がある。企業は多角化していることも多く，部門別に分析する必要がある。

④ 利　益　額

利益額は，企業活動において獲得されたプラスの成果を意味し，企業活動の主要な目的として重要な指標となる。売上高から売上原価を控除して求められる売上総利益は，企業の収益獲得力の高さを示すものである。その売上総利益

から販売費・一般管理費を差し引くと営業利益が求められる。これはその企業の本業からの利益がどれぐらいあるかを示すもので，営業利益の段階で利益が出ないような企業は，事業活動の継続が困難となる。

5 研究開発投資

企業の研究機関が研究開発のために使用する額で，その企業の将来の成長を判断する有力な指標である。企業における研究開発費管理や研究開発費の企業別・業種別比較には，対売上高比率が広く用いられている。

6 付加価値

付加価値とは，企業が新たに生み出した価値を言い，企業活動による経営成果を指す。付加価値の計算方法にはいくつかの種類があるが，大きく控除法と加算法に分けられる。

・中小企業庁方式

粗付加価値＝生産高－外部購入価額

・日本銀行方式

付加価値額＝経常利益＋人件費＋金融費用＋賃借料＋租税公課＋減価償却費

中小企業庁方式は，売上高から外部購入分の価値を差し引いたものという考え方に対し，日本銀行方式は，製造過程で積み上げられていくという考え方になっている。

また，売上高に占める付加価値の割合を付加価値率という。

・付加価値率＝付加価値／売上高

例えば，ある企業Ｃ社が，売上高1億円で，材料費等外部への支払費用が4千万円である場合，Ｃ社の経営成果は1億円ではなく，6千万円（1億円－4千万円）とするのが付加価値の考え方である。材料費等外部への支払費用は他の企業の経営成果であるという考え方である。

なお，付加価値の算出過程からも分かるとおり，例えば，同一製品の生産段階を垂直統合すると付加価値が増大する。また，労働節約的な合理化・資本投

下が行われると総付加価値は減少することになる。

　大企業は一般に付加価値が大きくなるが，売上高に占める付加価値の割合すなわち付加価値率でみると，日本の大企業は子会社や系列会社に外注する割合が高いため，付加価値率は低くなる。アメリカ企業のように比較的自社加工度が高い場合は，付加価値率は高くなる。

　また，例えば業績が低迷している企業が，利益額を上積みするため，いわゆるリストラを断行するケースがあるが，一時的には利益額が改善されても，付加価値額に影響を及ぼすことはない。

　付加価値は企業が新たに生み出した価値であるから，算出過程にやや難点はあるものの，異業種間の比較も可能なので有用な指標である。

7　生　産　性

　付加価値は，例えば製造業と卸売業を比較すると，一般に製造業の方が大きくなるのが普通である。製造業は技術力や加工費を費やして生産活動を行うため高い付加価値を加えることが可能だからである。このように業種・業態によって付加価値に差が出る場合は，1人当たりの付加価値をみる労働生産性の指標が有効である。

　生産性とは，生産活動に投入された生産要素が，財・サービスの生産にどれだけ貢献したかを示す指標である。資本について測られるのが資本生産性であり，労働について測られるのが労働生産性である。

　生産性が高まれば経営効率が高まるので収益性も高まる。生産性は競争力の根源でもあるから，企業成長の指標ともなりうる。

　事例－研究開発費の割合が高い製薬業界

　研究開発費が極めて大きな割合を占める製薬会社は，製品（新薬）が市場に出るまで長い期間を要する反面，市場導入後は特許で守られるためハイリスクな業界ともいわれている。近年，効率よく研究成果を取り入れようとM＆Aを繰り返し規模の拡大を図っている。業界大手3社の有価証券報告書をもとに，簡単な経営比較をしてみよう。上述のように，市場占有率，製品品質，顧客満

足度，ブランド，社会貢献度，環境経営などの質的，非財務的評価についての検討が不可欠であるが，ここでは項目を絞ってみてみよう。

　データからも明らかなように，武田製薬の売上高は他社に比べて飛び抜けて高い。研究開発費の売上高に占める割合が高いといわれる製薬業界にあって，その割合は他社と比べてもほとんど変わらない。しかし，売上高に占める付加価値の割合，すなわち付加価値率は他社に比べて明らかに高い割合を示している。各社とも莫大な研究開発費を投じているものの，より確実に成果に結び付けていることを表している。特に注目されるのは労働生産性の高さである。これは競争力の根源でもあり武田製薬の強い成長性をうかがわせるものである。

●図表4－2　製薬会社大手3社の経営比較

	武田薬品	アステラス製薬	第一三共
23年度売上高（百万円）	1,508,932	969,387	938,677
売上伸び（23／22年度％）	106.3	101.6	97.0
23年度営業利益（百万円）	265,027	131,519	98,202
営業利益伸び（23／22年度％）	72.2	110.4	80.4
23年度経常利益率（％）	17.9	13.9	8.1
23年度研究開発費／売上高（％）	18.7	19.6	19.7
23年度付加価値額（百万円）	400,556	233,688	191,408
23年度付加価値額／売上高（％）	26.5	24.1	20.4
従業員数（人）	6,565	5,836	5,908
労働生産性 （付加価値額／従業員数（百万円））	61.01	40.04	32.4

（出典）　各社有価証券報告書の連結財務諸表より作成。
（注）　表中の付加価値額には租税公課と減価償却費は含まれていない。

【参考文献】

青木茂男『要説　経営分析』四訂版，森山書店，2012年。
森田松太郎『ビジネスゼミナール　経営分析入門』第4版, 日本経済新聞出版社, 2009年。

（大坂　良宏）

第5講

無形資産と経営分析

1．目的と分析視点

- 目的：企業財務における無形資産の役割を明らかにすること
- 分析視点：資金調達および経営（運用）の視点

2．無形資産とは

- 定義：IFRS基準に則ってみる
  - 物質的実体のない識別可能な非貨幣性資産
  - コンピュータのソフトウェア，特許，著作権，のれんなど
  - 法的権利を有するものと法的権利を有しないもの，の2種類に大別できる

3．無形資産と企業財務

- 資金調達の側面
  - 銀行から資金調達：民間金融機関での実績は少ないが，日本政策投資銀行では取扱いが多く，一定の実績が上がっている
  - 資本市場から資金調達：間接的な影響を及ぼしている
- 経営の側面
  - どんな役割を果たしているのか
  ① 権利を有していないもの（発明，技術，デザインなど）＝売上を創出するツール
  ② 権利を有するもの（特許，著作権，意匠権など）＝利益を維持するツール
  - 利益創造のプロセス
  ① 生産財として製品に織り込み，消費財へ転換
  ② ライセンシング（技術提供）を通じてサービス財へ転換

4．企業財務における無形資産の役割の変遷と現状

- 産業構造の変化に伴い，無形資産の役割が変化
  - 効率性向上のツール　→　競争優位の維持・利益創出のツール　→　ビジネス主体・企業価値向上
- 休眠特許が多数存在

5．事例―知的財産が競争力に大きく影響する製薬業界

- 特許保護と売上高・利益の関係が大きい

目的と分析視点

　企業経営に果たす無形資産の役割はますます重要なものになってきている。日米の先行研究の多くは，無形資産が価値創造の源泉であること，企業業績向上に寄与できることを，理論的・実証的に証明している[1]。そして，企業業績向上に無形資産が約60％寄与している[2]。企業経営における無形資産は重要度が増しつつあるとはいえ，見えない，単体のみでは価値実現ができないといった無形資産の特質からその価値が評価し難い，財務業績との関連性が把握し難いなどの課題がある[3]。本講では，企業財務における無形資産の役割を明らかにすることを目的とする。具体的には，企業財務における無形資産の役割を，資金調達および経営（運用）の視点から見ていくこととする。

2 無形資産とは

　財務分析は財務諸表をもとに行うため，ここでは，会計基準に則って，無形資産の定義を見ていく。日本の会計基準は無形資産について明確な基準が存在しない。加えて，今日の企業が国際的なビジネスを展開していることを加味すると，本講では，国際財務報告基準（International Financial Reporting Standards：IFRS）をもとに無形資産の定義を見ることとする。

●図表 5-1　無形資産の分類

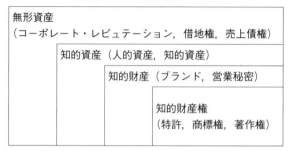

出所：経済産業省HPをもとに加筆・修正。
　　　(http://www.meti.go.jp/policy/intellectual_assets/teigi.html)

●図表5-2　知的財産権の種類など

	種類と関連法令	保護対象と保護期間	管轄官庁
知的創造物についての権利	特許 （特許法）	・「発明」を保護 ・出願から20年 　（一部25年に延長）	特許庁
	実用新案権 （実用新案法）	・物品の形状などの考案を保護 ・出願から10年	特許庁
	意匠権 （意匠法）	・物品のデザインを保護 ・登録から20年	特許庁
	著作権 （著作権法）	・文芸，学術，美術，音楽，プログラム等の精神的作品を保護 ・死後50年（法人は公表後50年，映画は公表後70年） ・創作と同時に権利発生	文化庁
	回路配置利用権 （半導体集積回路配置に関する法律）	・半導体集積回路の回路配置の利用を保護 ・登録から10年	（財）工業所有権協力センター
	育成者権 （種苗法）	・植物の新品種を保護 ・登録から25年（樹木30年）	農林水産省
	営業秘密 （不正競争防止法）	・ノウハウや顧客リストの盗用など不正競争行為を規制	経済産業省
営業上の標識についての権利	商標権 （商標法）	・商品・サービスに使用するマークを保護 ・登録から10年（更新あり）	特許庁
	商号 （商法）	・商号を保護	法務省
	商品表示，商品形態 （不正競争防止法）	以下の不正競争行為を規制 ・混同惹起行為 ・著名表示冒用行為 ・形態模倣行為 　（販売から3年） ・ドメイン名の不正取得等 ・誤認惹起行為	経済産業省

出所：特許庁のウェブサイトに基づき，加筆・修正。
　　　（特許庁http://www.jpo.go.jp/seido/s_gaiyou/chizai02.htm）

IFRSでは，国際会計基準（International Accounting Standards：IAS）38号において，資産とは「過去の事象の結果として企業が支配し，かつ，将来の経済的便益が企業に流入することが期待される資源」と定義されている。無形資産は，このように定義された資産のうち，「物質的実体のない識別可能な非貨幣性資産」である。コンピュータのソフトウェア，特許，著作権，のれんなどがこれに該当する[4]。また，図表5-1のように，無形資産は，法的権利を有するものと法的権利を有しないもの，の2種類に大別できる。

3 無形資産と企業財務

　まず，銀行から資金調達を行う際に無形資産はどのような役割を果たしているのか。無形資産，特に知的財産担保融資は，民間金融機関での実績は少ないが，日本政策投資銀行では取扱いが多く，一定の実績が上がっている[5]。なお，日本政策投資銀行の知的財産権担保融資が対象とする知的財産は限定的で，次の要件を満たさなければならない。すなわち，①法的に確立した権利，②法律上，その権利について担保権の設定が可能，③権利の流通可能性があり経済的評価に基づき担保価値が認められる，などである[6]。

　では，資本市場から資金調達を行う場合に，無形資産はどのような影響を及ぼすのか。無形資産の中でもコーポレート・レピュテーション（reputation）[7]が企業価値の増大に寄与する。換言すれば，コーポレート・レピュテーションが高まれば，企業価値が上昇する[8]。企業価値を代表する株価が上昇すれば，企業は，増資を行う際に予定調達金額を順調に調達することができる。そして企業価値を高く維持できる企業は，銀行借入の際に，最優遇貸出金利で融資を受けられる[9]。したがって，無形資産は企業資金調達を行う際に，間接的な影響を及ぼしているといえよう。

　無形資産は競合他社の模倣を排除し，企業の競争優位において重要な役割を果たしており，持続的な成長を維持することに寄与している[10]。実際，無形資産は，どのように運用され，どのようなメカニズムで利益に寄与しているのか。

● 図表 5-3　企業経営における無形資産の役割

経営上の機能	具体的内容
参入障壁の構築による市場独占	・競争優位要素 ・グローバリゼーション対応 ・リーガルリスク回避要素 ・戦略提携の要素
差別化による競争優位の確立	・法的安定性 ・独創性，異質性 ・ナレジマネジメント要素 ・良い企業要素
経営利益・企業価値の創造	・確信性（自信） ・取引における信頼性・信用要素 ・経営資源性，担保価値 ・ライセンシング要素

出所：財団法人知的財産研究所，2007：95。

　冒頭で述べたように，無形資産は動産や不動産のような有体物と異なり，無体の財産で，単体のみでは収益が実現しにくい性質を持っている。こうした性質をもつ無形資産が収益を実現させるには，図表 5-4 に示すように，①生産財として製品に織り込み，消費財へ転換することで収益をあげる方法（自社で商品化）と，②ライセンシング（技術提供）を通じて，サービス財へ転換することで収益をあげる方法がある[11]。

　そして，無形資産は企業の利益創出プロセスにおいてどのような役割を担っているかについて，権利化されていない無形資産（すなわち発明，技術，デザインなど）は売上を創出する，権利化された無形資産（すなわち，特許，著作権，意匠権など）は利益を維持する役割を果たしている[12]。

　一方で無形資産は無形の性質を持ち，模倣されやすいのである。知的財産が模倣されると，類似の商品やサービスが登場し価格競争が起きる。価格競争の影響で，企業は必要な利幅を維持するのが難しくなる。このような状況を防ぐには，知的財産の模倣を防止するための知的財産を出願し法律上の権利を取得すること（知的財産権：特許権）で，参入障壁を築くことが必要である[13]。権利を取得することにより，企業は，価格を一定の水準に維持することによって利益を確保できる。

● 図表 5-4　無形資産の性質と価値実現の度合い

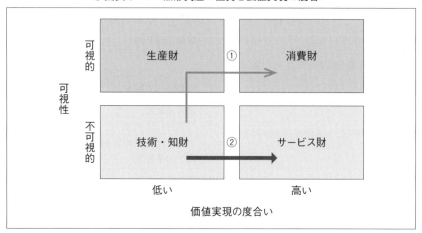

出所：渡部（2012：26）に基づき，加筆・修正。

企業財務における無形資産の役割の変遷と現状

　人々が技術を活用し商いを行う時代から今日まで，無形資産は利益創出に寄与し続けている。そうした無形資産について，これを財産的に保護する制度的枠組みが重視され，確立されるようになった[14]。さて，無形資産の経営における役割とはどのようなものであるか。ここでは，産業構造の変化に沿ってみることとする。

　18世紀，19世紀において中心となる技術は繊維機械や蒸気機関などの機械技術であり，これに加えて工作機械技術あるいは製鉄などの技術であった[15]。これらの登場が工業化を実現した。こうした技術の発明・利用により，手工業・工業の大規模生産が可能となった。そして，大規模生産の実現が売上を増上させていった。作られた製品が市場に供給され，大量消費されていた一方，製品の大量供給で価格競争が激化していた。こうした状況下，より多くの利益を得るために，工場生産の効率化が図られ，機械の改良発明が行われるようになった。

　19世紀後半，鉄鋼・機械・造船などの重工業に関する技術に加えて，化学が

発達することに伴い，新たに作り出された化学物質を特許の保護対象とされた。これらの重化学工業において，集中・独占が進み，資源や市場の獲得が激しくなった。こうした産業構造下，企業はこれらの技術により，独占で多額な売上高と利益を手に入れた。

1970年代以降，先進国で急速に産業構造の中心が第二次産業から第三次産業へとシフトし，いわゆるポスト工業化社会が到来し，コンピュータ産業を中心とする情報の発展普及により，事務，管理作業，生産作業の効率化や自動化が進められた[16]。こうした産業構造の変化により，企業はより多くのコスト削減や生産性向上が図られた。

2010年以降，インターネットの高速化や人工知能の発達などを背景に，経営活動の方向が変わりつつあり，無形資産の重要性がますます高まっていく。あらゆる技術を融合させ，ユーザーのニーズに適合した製品やサービスを事業化することが求められており，ビッグデータといわれる大量の情報を，ＡＩなどを利用して処理することにより，企業の競争優位が形成される（第４次産業革命とも呼ばれる）[17]。こういった情報や技術は差別化の源泉である。このように，企業における無形資産の役割の重心が効率性を向上させるためのツールから，競争優位の維持・利益創出のツール，そしてビジネスツールへとその役割が変わっていった[18]。また，1990年代より，無形資産をビジネス重心とする企業が増加し，市場における企業価値は無形資産をもとに評価されるようになった。したがって，無形資産は企業価値向上の寄与においても重要な役割を果たしている。

企業は他社の参入を排除するために，特許出願を多く行われている。しかし，企業は多数の特許をただ保有するだけで，それを企業収益に結ばれていない，活用されていない，いわゆる休眠特許も数多く存在している。こういった休眠特許を維持するために，企業は多額な維持費を支払っている。日欧米の企業ではこういった「休眠特許」が数多く存在している。日本の特許庁の調査によると，国内特許は2013年度で約157万件の特許のうち，18％が休眠特許であり，防衛特許[19]も含めた未利用特許が半数に近い75万4,000件に上る[20]。アメリカ企業においては全体に占める休眠特許の割合は35％強である（Rivette and Kline, 2000）。Giuri et al.（2007）によれば，ヨーロッパ企業は保有する特許

第2部　企業成長力（製品力・販売力・資金力）と経営分析

● 図表 5 - 5　企業経営における無形資産の役割の変遷

時代	産業構造	主な無形資産の登場	経営への影響	業績への主な影響
18-19世紀	手工業，工業	・繊維機械，蒸気機関などの機械技術 ・工作機械技術，製鉄技術	大規模生産 生産性向上	規模の売上高 利益の確保
19世紀後半〜	重化学工業	化学物質の発見，特許	技術革新 企業競争優位	売上高， 利益の確保
1970年以降	ポスト工業	・技術，特許 ・音楽，ゲーム，映画に関する著作権	競争優位の維持 新たなビジネスチャンス	売上高， 利益の確保
1990年以降	情報・サービス産業	・デジタルに関する技術 ・コンピュータ，携帯電話，インターネットに関する技術	競争優位の維持 新たなビジネスチャンス	企業価値向上
2010年以降	情報・サービス産業	・人工知能に関する技術	競争優位の維持 差別化	企業価値向上

出所：筆者作成。

のうち，約17％が活用されていない休眠特許で，防衛特許を含めた未利用特許が約36％である。

5　事例─知的財産が競争力に大きく影響する製薬業界

　利益創出における知的財産の役割が最も明確に示される産業は製薬産業である。製薬産業のビジネスは特許によって支えられている。なぜならば，医薬品特許[21]保護が切れてしまうと，後発医薬品メーカーは法に反することなく，先発医薬品の後発医薬品[22]（ジェネリック薬）を製造することが可能となるからである。

　図表5-6は，大手製薬会社における2000年以降の主力製品の特許切れと売上高の変化を示したものである。たとえば，武田薬品は，2009年11月にタケプロン，2011年11月にアクトス，2012年6月にブロプレスの特許が保護期間満了を迎えることによって，製品単体の売上高が低下していった。上記3製品のピーク時の売上高については，タケプロンが2,714億円（2009年期），アクトスが3,962億円（2008年期），ブロプレスが2,303億円（2009年期）であった。し

かし，特許が切れた以降の2013年期には，タケプロンが1,103億円，アクトスが1,229億円，プロプレスが1,996億円にまで低下した。図表5-6と図表5-7を見てわかるように，武田薬品工業，アステラス製薬，第一三共，エーザイ，ファイザー，ノバルティス，そしてサノフィにおいて，主力製品の特許が保護期間満了を迎えた以降，売上高が減少したため，売上高営業利益率が低下した。それは，国の後発医薬品推進策[23]を背景に，同じ薬効の後発医薬品が上市された途端，先発医薬品の使用が停滞するため，売上高が低下の一途を辿っているからである。主力製品による売上高が製薬会社の総売上高を支えているため，主力製品の売上高減少は連結全体の売上高，営業利益に大きな影響を与えることになる。なお，主力製品の特許切れ前では，売上高営業利益率の変動が小さかった。

　このように，特許保護の有無により，製薬会社の業績が大きく変動するがゆえに，製薬会社は既存特許の保護期間の延長に努める[24]。しかし，こうした企業行動は，企業の業績を向上できる一方，後発医薬品の開発・販売の後押しにつながる。その結果，新興国をはじめ低所得層の医薬品へのアクセスを阻害する[25]。

● 図表 5-6　世界の大手製薬会社の大型医薬品の特許切れと売上高の推移

会　社	製　　品	特許満了時期 (米国)	2001	2002	2003	2004
武田	タケプロン (消化性潰瘍治療剤)	2009年11月	943	1,142	1,332	1,560
	アクトス (2型糖尿病治療剤)	2011年11月	695	1,204	1,553	1,776
	ブロプレス (高血圧症治療剤)	2012年6月	483	774	1,055	1,443
アステラス	プログラフ (免疫抑制剤)	2008年4月	506	724	897	1,044
	ハルナール (排尿障害改善剤)	2009年10月	738	969	1,104	1,223
第一三共	クラビット (合成抗菌剤)	2010年12月	－	－	－	474
エーザイ	アリセプト アルツハイマー型認知症治療剤	2011年11月	711	958	1,153	1,416
	パリエット (プロトンポンプ阻害剤)	2013年5月	547	988	1,174	1,290
ファイザー	ノルバスク（Norvasc） 高血圧症治療薬	2007年3月	－	3,846	4,336	4,463
	リピトール（Lipitor） 高脂血症治療薬	2011年11月	－	7,972	9,231	10,862
	キサラタン（Xlatan & Xalacom） 緑内障治療薬	2011年3月	－	－	668	1,227
	デトロール(Detrol IR & Detrol LA) 尿失禁治療薬	2014年1月	－	－	544	904
	セレブレックス（Celebrex） 関節リウマチ治療剤	2014年12月	－	100	1,883	3,302
ノバルティス	ディオバン（Diovan） 高血圧症治療薬	2012年9月	1,880	2,580	2,425	3,093
サノフィ	プラビックス（Plavix） 抗血栓剤	2011年11月	705	987	1,325	1,694
	ロベノックス（Iovenox） 抗血栓剤	2007年2月	1,453	1,563	1,659	1,904

注1：上記の売上高は対象製品単体の連結ベース売上高である。
注2：アステラスの1993.3-2005.3のデータは，山之内製薬と藤沢工業薬品の数値を合算。第一三共の1993.3-2005.3のデータは，三共株式会社と第一製薬の数値を合算。
注3：サノフィロベノックスのアメリカでの特許失効は当初2012年とされていたが，2007年2月に特許を無効とする司法判断が下された。なお，アメリカ市場でロベノックスの後発医薬品が2009年に発売された。
注4：各社データの単位に違いがある。武田，アステラス，第一三共，エーザイ：億円；ファイザー，ノバルティス：百万ドル；サノフィ―：百万ユーロ
出所：各社のアニュアルレポートに基づき，筆者作成。

第5講 無形資産と経営分析

2005	2006	2007	2008	2009	2010	2011	2012	2013	2014
1,600	1,599	1,507	1,487	2,714	2,181	1,336	1,221	1,102	1,184
1,930	2,438	3,363	3,962	3,870	3,847	3,879	2,962	1,229	366
1,524	1,909	2,062	2,231	2,303	2,220	2,180	2,163	1,696	1,550
1,228	1,459	1,754	2,030	2,010	1,867	1,626	1,548	1,617	1,811
1,359	1,378	1,270	1,224	1,166	1,139	665	608	540	588
471	502	467	474	430	872	691	524	359	335
1,629	1,965	2,529	2,910	3,038	3,228	2,903	1,471	943	827
1,323	1,545	1,743	1,759	1,599	1,480	1,369	1,264	1,084	914
4,706	4,866	3,001	2,244	1,973	1,506	1,445	1,349	1,229	1,112
12,187	12,886	12,675	12,401	11,434	10,733	9,577	3,948	2,315	2,061
1,372	1,453	1,604	1,745	1,737	1,749	1,250	806	589	498
988	1,100	1,190	1,214	1,154	1,013	883	761	562	201
1,730	2,039	2,290	2,489	2,383	2,374	2,523	2,719	2,918	2,699
3,676	4,223	5,012	5,740	6,013	6,053	5,665	4,417	3,524	2,345
2,026	2,229	2,424	2,616	2,623	2,083	2,040	2,066	1,857	1,862
2,143	2,436	2,612	2,738	3,043	2,806	2,111	1,893	1,703	1,699

●図表5-7　大手製薬会社における売上高営業利益率の推移

	2005	2006	2007	2008	2009	2010	2011	2012	2013	2014	2015	平均値	中央値	標準偏差
ファイザー	15.78	22.79	17.32	16.62	17.31	12.24	12.96	16.50	22.12	18.38	14.28	16.94	16.62	3.163
GSK	31.74	33.62	33.43	29.32	29.7	13.32	28.51	27.97	26.52	15.64	43.15	28.45	29.32	7.849
ロシュ	24.41	27.9	31.36	30.83	25.03	28.41	31.63	31.04	35.01	29.69	28.7	29.46	29.62	2.904
サノフィ	10.57	17.02	21.07	15.94	21.72	19.62	17.16	18.13	15.5	18.19	16.28	17.38	17.16	2.893
ノバルティス	23.10	23.11	17.81	21.62	22.55	22.77	18.78	20.31	18.84	21.15	18.16	20.75	21.15	1.963
ギリアド	54.68	-25.05	51.16	50.2	50.34	49.84	45.2	41.33	40.39	61.33	68.00	44.31	50.20	23.243
武田	34.31	33.23	35.13	30.78	19.92	28.66	25.86	17.56	4.17	8.23	-7.27	20.96	25.86	13.358
第一三共	15.39	16.71	14.66	17.82	10.56	10.03	12.62	10.46	9.89	9.98	8.09	12.38	10.56	3.098
アステラス	22.3	21.95	20.69	28.37	25.88	19.12	12.5	13.57	15.67	10.25	17.36	18.88	19.12	5.389
エーザイ	16.29	15.92	15.62	2.41	11.74	10.76	14.71	14.77	12.29	11.08	5.16	11.89	12.29	4.296

出所：各社のアニュアルレポートに基づき，筆者作成。

【注】

1) 例えば，土生，2007；Bharadwaj et al., 1999；Roberts and Dowling, 2002；Rivette and Kline, 2000
2) Andonva & Ruiz-Pava, 2016
3) 土生（2007）
4) なお，IFRSでは労働力集団，すなわち従業員を無形資産としない。
5) また，日米における知的財産による資金調達に大きな違いがみられる。詳細については，経済産業省（2007）「知的財産の流通・資金調達事例調査報告～目に見えない経営資源の活用～」を参考。
6) 小林（2004）。また，知的財産担保融資が普及していない理由についても，小林（2004）を参照。
7) なお，Roberts and Dowling（2002：1078）によれば，過去の財務業績がコーポレート・レピュテーションに，現時点のコーポレート・レピュテーションが将来の財務業績に影響を及ぼす。
8) Arrighetti et al., 2014；Roberts and Dowling, 2002
9) Pagano et al., 1996：1064。
10) Andonva & Ruiz-Pava, 2016；Roberts and Dowling, 2002
11) 渡部，2012：26。例えば，テキサス・インスツルメンツ（Texas Instruments）やIBMはライセンスを通して多額の利益を上げてきた企業である。他方，ベンチャー企業の場合は，対象の特許を保有する会社（自社）の株式の一部または全部を売却することで投下資本を回収し利益を得ようとするのが通常であり，その場合の利益が最大となる（高橋，2006）。
12) 土生，2007：891。
13) 脚注12に同じ。
14) 15世紀頃，ヴェネチアでは発明の保護が行われており，17世紀には英国において近

代特許制度が作られた。1450年前後に活字による印刷技術，グーテンベルグの印刷術が完成した。複製を作る技術の登場は，複製行為自体に対して何らかの法的制限を促進した。こういった技術の変化が著作権制度の登場を促し，そして1886年のベルヌ条約は著作権の国際的保護を提唱した（石井，2005：iv）。

15) 石井（2005）
16) 西部（2014）
17) 『日本経済新聞』2016年10月26日付朝刊，「第4次産業革命と知的財産，特許制度の抜本見直しを―相澤英孝一橋大学教授，ソフト，正面から保護せよ（経済教室）」
18) 例えば，FacebookやLineなどアプリでビジネスを展開している。金融分野ではフィンテックをネット上の各種の商品やサービスが開発され，取引や販売が拡大した。
19) 防衛特許とは，他社に技術を独占されて自己の実施が妨げられないように取得した特許である。
20) 『日本経済新聞』2016年2月22日付朝刊，「眠る特許学生が覚醒促す」
21) 医薬品の特許には，新しい化学構造の物質が医薬品に使用できることを発見した際に与えられる「物質特許」，既存の医薬品の新しい製造方法を発見した際に与えられる「製法特許」，錠剤からカプセルなど既存の医薬品を新しい製剤によって処方すると有効であることを発見した際に与えられる「製剤特許」，既存医薬品の新しい効能や効果を発見した際に与えられる「用法特許」の4種類が存在する。ここでいう特許切れは「物質特許」の保護期間きれを指している。

　また，特許権は原則として20年であるが，特許法の第67条第2項の規定に合致する場合には最大5年間の延長が可能である。医療用医薬品は第67条第2項の適用対象である。研究開発に要した期間のうち，治験に要した期間と新薬の承認審査に要した期間が「特許発明の実施をすることができない期間」として特許期間の延長対象となる。したがって医療用医薬品の特許期間は最長で25年ということになる。但し，特許の延長は申請して承認されて初めて延長になる。
22) 後発医薬品とは先発医薬品の特許が切れた後に販売される，先発医薬品と同じ有効成分，同じ効能・効果をもつ医薬品のことである。後発医薬品は開発コストが低いので低価格で販売される。

　例えば，アルツハイマー型認知症治療剤の価格について，エーザイ製造の先発医薬品であるアルセプト錠3mgは238.5円/錠であるのに対して，ニプロファーマ製造の後発医薬品であるドネベジル3mgは167円/錠である（ニプロ株式会社http://med.nipro.co.jp/list_price 2016年9月28日最終アクセス）。医薬品は医療用医薬品と一般用医薬品の大きく2種類に分けられる。医療用医薬品は医師の処方箋の下に調剤・投薬を行う医薬品である。一般用医薬品は患者が自己責任で薬局等から購入が可能な医薬品である。本講における医薬品は医療用医薬品を指す。
23) 先進国は高齢化社会を迎え，国民医療費の増大が予想されている。その中で，後発医薬品は低価格の医薬品供給を通じて医薬費抑制に貢献するものと期待されている。

　日本の場合では，厚生労働省は平成25年4月に「後発医薬品のさらなる使用促進のためのロードマップ」を策定し，その中で「平成30年3月末までに，後発医薬品の数量シェアを60％以上にする」という目標を掲げ，後発医薬品の使用促進のための施策に取り組んでいる。
24) 『日本経済新聞』2017年2月6日付朝刊，「後発薬開発に追い風」

25) Ghauri and Rao（2009）。また，医薬品特許保護期間延長と医薬品アクセス問題の関係については，『全国保険医新聞』2015年10月25日号，「TPP ここが問題―薬の知財保護を強化」を参照。

【参考文献】

石井正（2005）『知的財産の歴史と現代』発明協会
小林卓泰（2004）『知的財産ファイナンス―特許・著作権等を活用した資金調達手法』清文社
財団法人知的財産研究所（編）（2007）『特許の経営，経済分析』雄松堂出版
高橋伸夫（2006）「ライセンス・ビジネス論」AMR，5（9）：581-613。
西部忠（2014）「情報化とサービス化の複合傾向としての脱工業化」『知識共創第4号』
土生哲也（2007）「成長企業の知的財産戦略―知的財産を生かした企業価値向上の考え方」『知財管理』，56（6）：890-899。
渡部俊也（2012）『イノベーターの知財マネジメント：「技術の生まれる瞬間」から「オープンイノベーションの収益化」』白桃書房
Andonova, V., and Ruiz-Pava, G. (2016) "The role of industry factors and intangible assets in company performance in Colombia", *Journal of Business Research*, 69：4377-4387.
Arrighetti, A., Landini, F., and Lasagni, A. (2014) "Intangible assets and firm heterogeneity：Evidence from Italy", *Research Policy*, 43：202-213.
Bharadwaj, A. S., Bharadwaj, S. G., and Konsynski, B. R. (1999) "Information Technology Effect on Firm Performance as Measured by Tobin's Q", *Management Science*, 45（7）：1008-1024.
Ghauri, Pervez N., and Rao, P. M. (2009), "Intellectual property, pharmaceutical MNEs and the developing world". *Journal of World Business*, 44：206-215.
Giuri, P., Mariani, M., Brusoni, S., Crespi, G., Francoz, D., and Gambardella, A. (2007) "Inventors and invention processes in Europe：Results from the Pat Valeu survey", *Research Policy*, 36（8）：1107-1127.
Pagano, M., Panetta, F., Zingales, L. (1996) "The stock market as a source of capital：Some lessons from initial public offerings in Italy", *European Economic Review*, 40：1057-1069.
Roberts, P. W. and Dowling, G. R. (2002) "Corporate Reputation and Sustained Superior Financial Performance", *Strategic Management Journal*, 23（12）：1077-1093.
Rivette, K. G., and Kline, D. (2000) "Discovering new value in intellectual property", *Harvard Business Review*, 78（1）：54-66.

（徐　玉琴）

第6講

収益性分析

1．収益性分析とは

① 資本利益率：貸借対照表と損益計算書が分析対象となる。
② 売上高利益率：損益計算書の期間成果の分析を行う。

2．時代とともに変わる収益性指標の重要度

① 拡大経営期（1950～1990年）：売上高・利益
② 株主価値経営（1990～2007年）：ＲＯＡ，ＲＯＥなど効率性指標，売上高，利益，コスト削減

3．利益の種類によって異なる収益性の見方

① 伝統的な利益：営業利益，経常利益，（税引前および税引後）当期利益
② 新しい利益：税引後営業利益（ＮＯＰＡＴ），経済的付加価値（ＥＶＡ®）(注)，税引前・金利・減価償却費控除前利益（ＥＢＩＴＤＡ），ＩＦＲＳ（国際会計基準による）包括利益
　(注) ＥＶＡ®：Economic Value Added 米スターン スチュワート社の登録商標
③ 事業別・製品別に把握できる収益性指標（売上高・営業利益）

第2部　企業成長力（製品力・販売力・資金力）と経営分析

1　収益性とは

　収益性分析は，古くから企業の経営状態を評価する方法として用いられてきた。これは，主に財務諸表（損益計算書および貸借対照表）を中心にして，経営成果を分析するものである。収益性分析方法には，①貸借対照表と損益計算書が分析対象となる「資本利益率」および②損益計算書の期間成果の分析を行う「売上高利益率」に分類される。

　　　①　資本利益率＝利益／資本　　②　売上高利益率＝利益／売上高

　資本利益率の分析では，何を利益とするか，あるいは資本とするかで様々な組合せが考えられる。資本に関しては，総資本，経営資本（＝総資産－投資資産－繰延資産－遊休資産），自己資本（株主資本），資本金などのほか総資産を用いる場合があり，利益に関しては，営業利益，経常利益，純利益（税引前当期利益および税引後当期利益），総利益などが用いられる。

　企業経営者の立場からの分析，株主・投資家の立場からの分析，アナリストの立場からの分析など，それぞれの立場の違いで，組み合わせが異なる。例えば，経営者は，営業活動の結果を評価するために，経営資本営業利益率（＝営業利益／経営資本）を重視する。株主・投資家の立場からは，収益性を把握するために，株主資本利益率（ＲＯＥ；Return on Equity＝税引後当期利益／自己資本）を重視する。また，株式の売買の基準として，1株当たり利益（ＥＰＳ；Earnings Per Share）や株価収益率（ＰＥＲ；Price Earnings Ratio＝株価／1株当たり利益），株価純資産倍率（ＰＢＲ；Price Book value Ratio＝株価／1株当たり純資産）などが用いられる。

2　時代とともに変わる収益性指標の重要度

　高度成長からバブル期まで（拡大経営期），企業は，成長率や市場シェアを経営目標に掲げていた。これは市場シェアを拡大し，売上を増加すれば利益が得られる経営環境にあったからである。1992年にバブルが崩壊し，長い停滞期

に入ると，右肩上がりの成長が期待できなくなり，売上高の目標が達成できない状況になった。いわゆる「集中と選択」の時代で，効率が重視されるようになる。1992年はＧＤＰがマイナス成長を記録し，日経平均株価が１万円台に暴落，銀行をはじめとする金融機関は，含み損がその経営を圧迫するとともに，安定株主の地位を維持できなくなり，持ち合い解消を図った。株式持ち合いが50％を割り込み，新たに株主として台頭してきたのが機関投資家と外国人株主である（図表6-1参照）。

「東証要覧2010」によると，外国人投資家の株式保有比率は，1990年には4.7％，1995年には10.5％，2006年には28％まで増加することになった。現在，外国人投資家の株式保有比率は，サブプライム危機を発端に，2006年をピークに減少したが20％台を維持している。また，個別で企業を見ていくと，花王の外国人投資家の株式保有比率は，47.75％（「有価証券報告書」2012年３月31日現在），ＨＯＹＡは，53.81％（「有価証券報告書」2013年３月31日）と，外国人投資家が全体の半分近くを占めている。株主・投資家のなかには，株価の上昇を期待している一方，配当金を期待しているものもいる。このような株主・投資家は，今期の配当が決まる最終利益である当期純利益を重視しながら投資をしている。

この結果，企業経営者にとって，株主を意識した企業価値の最大化が最も重要なテーマとなった。「ＲＯＡ（Return On Asset＝利益／総資産）やＲＯＥといった効率性指標で企業や経営者を評価するというアプローチが一般化し，その後，資本コストの概念が実務的にも一般化していくにつれて，企業価値指標がそれにとって代わることとなった。わが国では，花王等を嚆矢として，現在でも高度な経営管理を実施しているとされる企業の多くでＥＶＡ®[1]（或いはその概念を自社流にアレンジした類似指標）が経営管理の代表的枠組みとして利用されている」[2]。

そこで，まず株主価値経営の中心的指標であるＲＯＡとＲＯＥについて説明する。ＲＯＡやＲＯＥを上げるためには，分子である利益を上げることが一番重要なことであるがこの利益率の式を分解することによって，さらにその企業が抱える問題点が見えてくる。ここではＲＯＡ及びＲＯＥの分解式について見ていく。

第2部　企業成長力（製品力・販売力・資金力）と経営分析

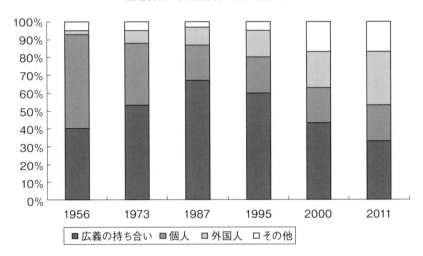

●図表6-1　日本の上場企業の株主構成の推移

上場会社の株主構成は大きく変わった

■広義の持ち合い　■個人　□外国人　□その他

（出所）「東証などによる株式分布調査から作成，金融機関（信託銀行を原則除く）と証券会社，事業法人の合計を，広義の持ち合いとして集計」　出所　日本経済新聞2012年6月10日付　「経済史を歩く（4）山一日銀特融（1965年）法人資本主義の始まり」より筆者編集。

1　ROAの分解

　ROAを高めるためには，どのような方法があるか。まずは分子である利益を上げることが，ROAの上昇につながる。また，分母である総資産を圧縮することも，ROAの上昇にもつながる。このROAは，売上高利益率および総資産回転率に分解することができる。売上高利益率は，コスト削減を通じて，どのくらいの利益を生み出すことができたのか，つまり，収益性をみる経営指標として利用されている。勿論，時系列で把握することが重要である。また，総資産回転率は，企業が保有する資産が，売上高の拡大にどのくらい貢献したのか，すなわち，資産の有効利用度が示された経営指標として位置付けられている。

　ROAの数値が上昇した場合，もしくは低迷した場合，数式を分解することによって，収益性もしくは効率性のどちらの要因を受けたのか，その原因を探

ることが可能となる。収益性を示す売上高利益率が低いのであれば，これまで以上に売上高を拡大すること，そして無駄なコストが発生していないのか，を見直す必要がある。他方，効率性が悪いのであれば，無駄な資産はないのか，を洗い出す必要が生じてくる。以上から，ＲＯＡの数式を分解することにより，数値を改善するための施策が明確に見えてくる。

●図表6-2　ＲＯＡの分解式

$$\underbrace{\frac{\text{利益}}{\text{総資産}}}_{\text{ROA}} = \underbrace{\frac{\text{利益}}{\text{売上高}}}_{\text{売上高利益率}} \times \underbrace{\frac{\text{売上高}}{\text{総資産}}}_{\text{総資産回転率}}$$

2　ＲＯＥの分解

　続いて，ＲＯＥの分解式について見る。なぜ，ＲＯＥが上昇しているのか，もしくは，なぜＲＯＥが低迷しているのか。その要因を探る際，ＲＯＥを分解することにより，ＲＯＡと同様に，企業は，自社のＲＯＥの問題点などを探ることができる。ＲＯＥは，売上高利益率，総資産（総資本）回転率，財務レバレッジに分解される。つまり，ＲＯＥの式は，ＲＯＡと財務レバレッジに分解できる。

　財務レバレッジとは，企業の負債の状況を把握するための有効的な経営指標の一つである。財務レバレッジは，総資本（総資産）÷自己資本により算出される。この財務レバレッジの数値が高い場合，巨額の借金を抱えている企業であると第三者から評価されることになる。そこで，Ａ社とＢ社の財務レバレッジについて見ていく。Ａ社は，総資本（総資産）が500，自己資本（≒純資産）が100と仮定する。この数値から，Ａ社の財務レバレッジは5倍になる。他方，Ｂ社は，総資本（純資産）が500，自己資本（≒純資産）が350と仮定する。この数値から，Ｂ社の財務レバレッジは1.4倍になる。このことから，負債が少ないと財務レバレッジは低くなる。以上から，ＲＯＥは分解することによって，有利子負債の状況も把握することができる。ＲＯＥの数値が上昇した場合，分子である当期純利益，分母である自己資本の増減だけを見るのではなく，数式

第2部　企業成長力（製品力・販売力・資金力）と経営分析

を分解することにより，収益性，効率性，有利子負債の状況を把握することが重要となる。ここで注意しなければならないのは，財務レバレッジが急激に拡大することにより，ＲＯＥを上昇させることができることである。言い換えるのであるならば，借金を増やすことによってＲＯＥを高めることができる。このことから，なぜＲＯＥが増減しているのかを分解することによって，その要因を把握することは非常に大切なことになる。

●図表6-3　ＲＯＥの分解式

●図表6-4　Ａ社およびＢ社における財務レバレッジの比較

しかし，経営環境が大きく変化する中でも，企業の中期経営計画で経営目標として第一に掲げられてきたのは，ＲＯＥやＲＯＡではなく，伝統的な経営分析手法の売上高利益率だった。これは，拡大経営期はもちろん，株主価値経営期でも共通した経営目標となってきた。既に株主価値経営が全盛になっていた1998年1月5日に日経産業新聞が実施した「中期経営計画アンケート」調査でも，「売上高，利益などの規模」は圧倒的に経営計画の最重要ポイント（416ポイント）であり，第2位に「コスト削減」（307ポイント）で，「ＲＯＥ，ＲＯ

Aなど」は184ポイントで5位になっている。「今後重視するポイント」では,「ＲＯＥ，ＲＯＡなど」が1位（316ポイント）になっているが,「売上高,利益などの規模」も3位とはいえ,295ポイントでそれほどの大きな差は見られない。いつの時代（バブルでもデフレ環境下）でも,売上高と利益は,企業経営者だけでなく,株主にとっても最大の目標であり最大の関心事であった。

3 利益の種類によって異なる収益性の見方

単に利益といっても多くの種類がある。図表6-5に示すように,営業利益,経常利益,（税引前および税引後）当期利益といった伝統的な利益のほかに,税引後営業利益（ＮＯＰＡＴ），それに資本コストを加味したＥＶＡ®,税引前・金利・減価償却費控除前利益（ＥＢＩＴＤＡ）やＩＦＲＳ（国際会計基準による）包括利益[3]がある。どの利益を基準に判断するか,これはなかなか難しい問題である。しかも,こうした利益はあくまで,企業単位であって,事業別・製品別に把握できるのは営業利益だけである。また,営業利益が黒字であっても,当期利益やＥＶＡ®が赤字になるケースも少なくない。

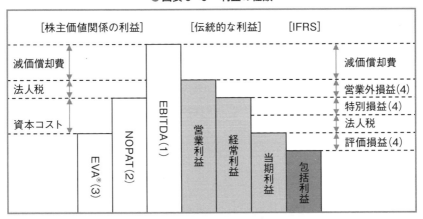

●図表6-5　利益の種類

(1) EBITDA：Earning Before Interest, Taxes, Depreciation and Amortization
(2) NOPAT：Net Operating Profit After Tax（税引後営業利益）
(3) EVA®：Economic Value Added（経済的付加価値）
(4) 営業外損益,特別損益,法人税,評価損益は,全て損失として表示している

典型的な事例がソニーの2010年度および2011年度の業績である（図表6-6参照)4)。ソニーは2010年度の最終損益が大幅な赤字に陥ったが，営業利益は黒字で，税引前利益は2,050億円であった。当期利益だけが△2,596億円の大幅な赤字だった。2011年度は営業利益も赤字になったが，これは特別な要因によるものである。ソニーが独自に開示している調整後営業利益の内訳を見ると，この営業赤字の原因は，持分法適用子会社の損失と構造改革費用や長期性資産の減損に伴うもので，ソニー本体および連結子会社の営業利益が赤字にはなっていなかった。このことを明確にするためにソニーでは，営業利益から持分法による投資利益を控除し，リストラのために準備した構造改革費用や長期性資産の減損を戻し入れた調整後営業利益をわざわざ開示している。日本基準でも米国基準でも，これらの費用は営業経費に入れずに営業外とするのが一般的である。

　投資家から見ると当期利益を最も重視するが，当期利益を事業部別や製品別に把握することができず，経営目標に設定しにくい。しかも，図表6-6に注記されているように，「米国などにおける繰延税金資産に対する，現金支出をともなわない評価性引当金の計上など」が大きく影響している。したがって，事業部別・製品別に当期利益を把握しようとすると，一定の前提に基づく理論値にならざるを得ず，恣意的になる恐れもある。

　これに対して，売上高や営業利益は，事業部門別および製品別に明確に計算できる。したがって，売上高営業利益率は，各事業部門に対して目標を設定し，予算管理や実績フォローに活用することができる。当期利益や税引後営業利益（ＮＯＰＡＴ），経済的付加価値（ＥＶＡ®），株主資本，総資本などは，企業全体でしか把握することができない。企業経営者が，投資家の要請に応じて，各事業部門や製品部門に対してＲＯＥの目標を設定しても，それは理論値であって，事業部別ＲＯＥや製品別ＲＯＥは作られた目標に過ぎない。

第6講　収益性分析

● 図表6-6　ソニーの2011年度連結業績（ソニーＩＲ資料より）

	FY10	FY11	前年度比	前年度比(CC*)
売上高及び営業収入	71,813	64,932	△9.6%	△5%
営業利益	1,998	△673	-	-
税引前利益	2,050	△832	-	-
当社の株主に帰属する当期純利益	△2,596	△4,567	-	-
普通株式1株当たり当社株主に帰属する当期利益(希薄化後)(円)	△258.66	△455.03	-	-
営業利益	1,998	△673	-	-
控除；持分法による投資利益	141	△1,217	-	-
戻し入れ；構造改革費用	671	548	△18.3%	-
戻し入れ；長期性資産の減損	-	293	-	-
上記調整後営業利益	2,528	1,385	△45.2%	-

ソニーは営業損益に加え，持分法による投資損益，構造改革費用ならびに長期性資産による減損の影響を除いた調整後営業利益を用いて業績を評価しています。この開示は，米国会計基準に則っていませんが，投資家の皆様にソニーの営業概況の現状及び見通しを理解頂くための有益な情報を提供することによって，ソニーの営業損益に関する理解を深めて頂くために表示しているものです。

為替変動による業績への影響額	平均レート	FY10	FY11
売上高及び営業収入　約△3,357億円	1ドル	84.7円	78.1円
営業利益　約△317億円	1ユーロ	111.6円	107.5円
	その他通貨		7%の円高

*CCベース：円と現地通貨との間に為替変動がなかったものと仮定した試算ベース(Constant Currency Basis)

ハイライト
- 連結売上高は，為替の悪影響や東日本大震災及びタイの洪水の影響，ならびに先進国における市場環境の悪化などにより前年度に比べ減少
- 連結営業損益は，前述の減収要因に加え，持分法による投資損益の大幅な悪化などにより，前年度の利益に対し，当年度は損失を計上
- 米国などにおける繰延税金資産に対する評価性引当金計上により現金支出をともなわない税金費用の計上などにより，多額の当社株主に帰属する当期純損失を計上
- 2012年度の連結業績見通しに関しては，震災や洪水の影響から回復が見込まれるコンスーマープロダクツ＆サービス分野やプロフェッショナル・デバイス＆ソリューション分野を中心とした大幅な損益改善により，営業利益の計上を見込む

　ソニーの事例では，持分法適用子会社の損失，構造改革費用や長期性資産の減損などの開示方法に苦慮している様子がうかがえる。企業が営利企業である限り，事業別・製品別に業績を管理し，また，投資家が企業の成果をセグメント別に把握するためには，どうしても売上高営業利益率を収益性分析の中心に置かざるを得ない。規模拡大経営，株主価値経営から共通価値経営5)へと大きく経営環境は変わっても，売上高営業利益率が最も重要な指標となっている。

【注】
1) ＥＶＡ®：Economic Value Added 経済的付加価値　米スターン　スチュワート社の登録商標。
2) みずほコーポレート銀行産業調査部［2012／2／10］Mizuho Industry Focus Vol. 106「企業価値の拡大均衡に向けた経営管理の考え方」5ページ。

3) 包括利益（Comprehensive Income）：会計期間における貸借対照表上の純資産の増減の内，資本取引（株式発行による資金調達や配当金の支払いなど）によらないものを指します。「包括利益」は，「純利益（Net Income）」と「その他包括利益（Other Comprehensive Income）」によって構成され，「純利益」は会計期間における業績として解釈される一方，「その他包括利益」は期間業績に含めることが妥当でない純資産の増減であるといえます。（日立総合計画研究所「今を読み解くキーワード」）
4) 「ソニーは2009年３月期連結決算（米国会計基準＝ＳＥＣ基準）から，関連会社による収益を示す持分法投資損益を営業損益に計上する。ソニーでは前期まで連結純利益にのみ計上していたが，営業利益がグループの実力を示さず開示方法として不適切と判断した。ＳＥＣ基準を採用する日本企業で初めての会計処理となる。今後，同様の処理を検討する動きが広がる可能性もある。」（「日本経済新聞」2008年７月17日15面）
　　日本基準では，持分法による投資損益は，営業外損益に計上する。米国基準でも税引後損益に計上されるが，関連子会社の事業が親会社の製品販売や資材調達で強い関連がある場合を特例として持分法投資損益を営業損益へ計上することが認められている。この規定に基づきソニーはＳＥＣと協議を進め，2009年３月期決算から認められた。
5) マイケル・ポーター教授が2011年に「ハーバード・ビジネスレビュー」に発表した論文「共通価値の戦略（Creating Shared Value）」で，その「概念は，経済的価値を創造しながら，社会的ニーズに対応することで社会的価値も創造するというアプローチであり，成長の次なる推進力となるだろう」という（「ハーバード・ビジネスレビュー」日本語版2011年６月）。

（正田　繁・森谷　智子）

第7講

流動性分析

1．流動性分析の意義

① 企業の持つ資金状態を分析する。
② 流動性の低下は，資金不足に陥り，黒字であっても倒産するリスクが高まる。
③ 流動性が高すぎると，この余剰資金は利益を生まないので収益性の問題が生じる。
④ 企業が安定的に発展してくためには，流動性を適正に保つことが求められる。

2．流動性

① 拡大経営期（1950～1990年）
　・運転資金，設備投資資金の調達は短期借入金に依存する比率が高い。
　・バブル期（1987～1990年）は，土地を担保とした借入金が旺盛な資金需要を満たしていた。
② 株主価値経営期（1990～2007年）
　・キャッシュフロー経営の推進，資産の圧縮が行われ，間接金融から直接金融・コマーシャルファイナンスへのシフトが見られた。
③ 調和型・共通価値経営期（2008～）資金調達の基本原則を重視
　・設備投資などの長期資金：長期の資金調達（長期借入金，増資，社債，自己資本など）
　・運転資金などの短期資金：短期の資金調達（短期借入金，ファクタリングなどコマーシャルファイナンス）

3．不確実な時代における手元流動性の重要性

① 自由になる現金が手元にどれくらいあるかによって，事業を継続できるかどうかが決まってくる。
② 手元流動性は，企業の成長と進化のために役立つ。
③ リスク対応や将来成長のために，できる限り流動性（資金）を潤沢にしておく。
④ 借入金よりも自己資本

流動性分析の意義

　企業の安全性を分析する方法には，短期支払能力を分析する「流動性分析」と，長期支払能力を分析する「財務安定性分析」とがある。

　流動性分析は，短期的に現金化できる現金・預金・有価証券だけに限定する場合と，短期的に現金化が必ずしもできない売掛債権，受取手形，在庫などを含める場合とがある。流動性が低下すると，資金不足に陥り，黒字であっても倒産するリスクが高まる。しかし，流動性が高すぎると，この余剰資金は利益を生まないので収益性の問題が生じる。企業が安定的に発展していくためには，この流動性を適正に保つことが求められる。

　企業の支払能力は，企業経営の重大な問題であり，流動性分析や財務安定性分析は，企業経営者にとって最も重要な分析指標である。しかし，この安全性の分析は，企業の中期計画の目標には掲げられることはほとんどない。それは次の用語解説から理解できる。

　ジェーケーエス経営研究所の流動性分析に関する用語解説によると，「景気が回復に向かう景気上昇期には，受取勘定や在庫が増え流動比率が向上することは，流動性が高いとみてよい。その時期には，受取勘定や在庫は短期に確実に現金化されるからである。しかし，景気下降期になって受取勘定や在庫が増え，流動比率が向上することは，かならずしも流動性が高いという根拠にはならない。その時期には，受取勘定の回収期日の延期や，在庫には短期には現金化しないデッド・ストックが含まれるからである。それらの流動資産は，運転資本の供給源ではなく，逆に需要源となり，資金不足の原因をなしてくる。かくて，受取勘定の年齢調査や在庫の中味を精査しなくては，流動性の実体はつかめない。また，景気上昇期には，銀行の預金準備率は高いので，銀行からの借入は容易であるから，酸性試験比率（当座比率）は余り重要性をもたない。景気下降期には，銀行の預金準備率は低下しているために，銀行借入はかならずしも容易でないので，流動比率よりは酸性試験比率（当座比率）が流動性の測定尺度として重要性をもってくる。このように，企業の環境の変化によって，諸財務比率の持つ意味は異なってくる」という。したがって，流動性分析指標

は企業の経営目標にはなりにくいとの事情がある。だからといって「短期支払能力を分析する」重要性がなくなったわけではない。

2 日本企業の流動性

　拡大経営期（1950～1990年）の日本企業の全体の状況を見ると，全産業の当座比率（平均73％）と流動比率（平均110％）は徐々に増加する傾向にあった。しかし，当座比率は100％以上で短期支払能力が安定しているとされており，かなり低い水準にあった。また，固定比率は平均234％でかなり高い水準にあり，自己資本比率も16％と低く，短期借入金で運転資金や設備投資が賄われていた。特にバブル期には，土地を担保とした短期借入金が，企業の売上やシェア拡大のための旺盛な資金需要を満たしていた。

　株主価値経営期（1990～2007年）のバブル崩壊（1991年）直後に当座比率が70％を割り込み，固定比率は241％まで急上昇した。しかし，1998年以降徐々に改善され，当座比率は77％（2007年）まで回復し，短期支払能力もバブル期の水準にまで戻ったが，安定的な水準には達していなかった。固定比率も2007年に159％まで改善し，自己資本比率も24％となった。これは，株主価値経営においては，キャッシュフロー経営や資産の圧縮が求められ，資金調達の方法も，短期銀行借入に依存できなくなってきたこともあり，社債や増資などによる直接金融や，ファクタリングなど資産の流動化などによるコマーシャルファイナンスが行われるようになったと考えられる。

　間接金融から直接金融への流れは，法人企業統計（全産業合計）からも明らかになっている。拡大経営期の末期1990年では，間接金融（長期借入金と短期借入金の合計）の残高が426兆円に対して，直接金融（社債と資本金の合計）残高は269兆円であったが，株主価値経営期の2005年では，間接金融が430兆円に対して直接金融が454兆円と逆転している。また，売掛金や棚卸資産は1990年以降ほぼ横ばいで推移しており，コマーシャルファイナンスの活用の影響も見ることができる。

　リーマンショックの2008年以降の調和型・共通価値経営期になると，当座比率80％，流動比率129％まで高まり，短期支払能力はさらに改善されている。

リーマンショック後もバブル崩壊直後のように固定比率が急上昇することはなく，160％（拡大経営期の3分の2程度）にまで低下し，自己資本比率は35％（拡大経営期の2倍）に達している。日本企業は，流動性分析から見る限り，短期支払能力と長期安定性を備えつつあるといえよう。

　バブルやリーマンショックの反省の面もあって，設備投資などの長期の資金需要は，長期の調達（長期借入金，社債，自己資金，増資）で対応し，運転資金などの短期の資金需要は短期の資金調達（自己資金，短期借入金，ファクタリングなどコマーシャルファイナンス）で賄うとの資金調達の基本に立ち返ったと考えられる。日本企業は，グローバルビジネス展開，事業構造改革，低炭素社会の実現，事業継続など，長期的な戦略でなければ実現できない問題に直面するようになった。日本企業が手元流動性を潤沢に確保し，自己資本比率を高めた背景にはこのような事情もあった。

●図表7-1　日本の全産業における流動性分析比率の推移（法人企業統計より作成）

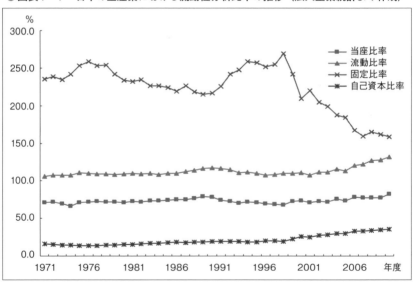

不確実な時代における手元流動性の重要性

　変化が激しく，不確実な時代において最も頼りになるのは手元資金である。実際に東日本大震災の後，企業の手元資金（現預金と短期保有の有価証券などの合算）は過去最高を記録し，上場企業の2011年3月末残高は52兆円に達した（前年同期比4％増)[2]。危機の中では，通常時とは異なる視点での分析が必要となる。自由になる現金が手元にどれくらいあるかによって，事業を継続できるかどうかが決まってくる。図表7-2は企業規模別の手元流動性の推移である。やはり中小企業の比率が高く，年々，増加している。不安定な時代を反映して，なるべく多く手元資金を持つ傾向がこの資料にも現れている。

● 図表7-2　規模別主要財務営業比較表　手元流動性の推移（除く金融業，保険業）

資本金 (百万円)	10未満	10～100	100～1,000	1,000以上	計
2006年	10.8	13.4	9.5	7.6	10.3
2007年	13.2	12.8	7.9	7.1	9.8
2008年	13.6	15.2	8.2	7.9	11.1
2009年	14.5	16.8	9.3	10.2	12.9
2010年	15.8	17.5	9.2	10.5	13.3

（出所）　法人企業統計調査結果（平成22年度）

　（株）ファイバーゲート（2003年設立）の代表取締役である猪又氏は，日本中小企業ベンチャービジネスコンソーシアム[4]講演会の中で次のように述べている。「経営ポリシーはキャッシュを厚くすることだ。今必要がなくても，銀行がカネを貸してくれるなら，借りておき，いつでも資金を潤沢にしておくべきだ」。

　長寿企業に関する「永続する企業（Living Company）」の著者アーリー・デ・グース教授も同じようなことを言っている。彼によれば，長寿企業の特徴の1つは「資金調達に保守的である」という。「……リビング・カンパニー（長寿企業のこと）は，危険な資金調達をしていなかった。これらの企業は，貨幣

の意味を昔ながらの解釈方法で理解していた。つまり，現金を余分に貯えておくことの有益さを知っていたのだ。手元に資金があったために，競争相手には不可能な戦略を選択することができた。自分たちが追求したいと考えるビジネス機会がいかに魅力的なものであるかを，第三者である出資者に納得させる必要はなかった。貯えていた資金を使って，自社の成長と進化を自分たちの手でコントロールできたのである」5)。つまり，十分な流動性の確保は，この不確実な時代にあって最優先課題であり，また企業の成長と進化のためにも役立つのである。

こうした考え方は，実際の経営計画の場面でも見られる。「エプソンは2016年3月期末までに実質無借金経営を目指す。連結有利子負債を12年6月末比35％減の1,500億円程度まで削減。一方で手元資金を1,500億円程度と，負債と同額の水準に積み増す。財務を改善し，欧州景気の減速や円高など今後の経営循環の悪化に備える。……今後の収益環境が不透明になってきているとみて，有利子負債の削減と手元資金の積み増しの面から，財務の改善にカジを切る」6)。

このように流動性（資金）を潤沢にしておくべきだが，できれば，返済期限のある借入金よりも，返済の必要のない自己資本を厚くしておきたい。そこで重要な指標となるのが自己資本比率である。

自己資本比率は一般的に，製造業で40％以上，流通業で20％以上が安全といわれている。日本における1千万円以上の資本金の中堅企業から大企業の自己資本比率は30％から40％である。欧米諸国の中堅企業（欧州：売上高700万～4,000万ユーロ，米国：総資産500万～2,500万ドル）の自己資本比率は，米国43.3％，フランス36.9％，イタリア26.8％，ドイツ29.0％で，これらの諸国と比較しても遜色ないレベルに達している。しかし，資本金1千万円未満の日本の小企業の自己資本比率は10％前後で推移しており，借金に依存する体質が鮮明になっている。欧米諸国の小企業（欧州：売上高700万ユーロ未満，米国：総資産500万ドル未満）の自己資本比率は，米国37.6％，フランス36.9％，イタリア27.9％，ドイツ20.1％であり，これらと比較しても日本の小企業の自己資本比率の低さが際立っている7)。（図表7-3）

日本の小企業は，全企業の売上高の7.7％を占め，従業員の17.3％を雇用しており，日本経済における重要な地位を占めている。こうした小企業が廃業や

倒産している現実は，けっして好ましいものではない。財務体質が弱い小企業の自己資本比率は50％以上，できれば70％以上欲しいところである。特に，今後の日本の経済発展には資本金1千万円未満の小企業の役割は欠かせない。「スモール・イズ・ビューティフル」という時代にあって，自己資本比率を高めることが日本の小企業政策に求められる課題である。

●図表7－3　自己資本比率の推移　法人企業統計調査結果（平成22年度）

区分	年度	2006	2007	2008	2009	2010
産業別	全産業（除く金融・保険）	32.8	33.5	33.9	34.5	35.6
	製造業	43.8	43.8	42.3	43.7	44.3
	非製造業	27.7	28.5	30.4	30.6	32.0
	金融業，保険業	－	－	4.5	5.4	5.0
資本金別	10億円以上	39.4	39.3	40.8	42.4	42.8
	1億円以上10億円未満	29.0	31.5	32.9	34.9	34.8
	1千万円以上1億円未満	29.0	29.6	29.6	27.8	31.8
	1千万円未満	9.9	11.5	11.4	9.6	5.7

4　流動性分析に関する各種指標

　流動性分析には，多くの指標が用いられている。それぞれ比率には，特徴があって，企業の流動性を一つの指標で表すことは困難である。流動性を分析する目的に応じた指標の活用が必要である。流動性分析に関する指標の特徴と詳細な計算方法については，安全性分析と重複する指標が用いられるので，次講で解説する。

【注】
1)「日本経済新聞」2011年5月15日付朝刊。
2) 日本経営分析学会編［2005］『経営分析事典』6〜7ページ，税務経理協会。
3) 日本中小企業・ベンチャー ビジネスコンソーシアムは，中小企業の経営革新，ベンチャービジネスの成長のため，学術・研究および会員相互の情報交換を促進する団体

である。
4) アーリー・デ・グース［1997］森尚子訳「変化に適応し永続するリビングカンパニーの条件」『ハーバード・ビジネス』ダイヤモンド社。
5)「日本経済新聞」2012年9月11日付朝刊。
6) 中小企業金融公庫総合研究所［2005］「中小公庫レポートNo.2001-10欧米主要国の中小企業向け政策金融」より引用。

(正田　繁)

第8講

生産性分析

1．生産性と付加価値

- 生産性の定義
  生産性とは，企業の生産活動の効率を示す指標である。
  生産性＝産出量÷投入量
  　　　＝付加価値÷経営資源
- 付加価値とは，企業が原材料と経営資源から創造した価値を指す。
- 付加価値の計算方法：控除法と加算法

2．生産性指標の分類

2-1．産出量による分類：物的生産性と価値的生産性
2-2．投入量による分類
　　　労働生産性＝付加価値額÷従業員数
　　　　　　　　＝1人当たり売上高×付加価値率
　　　　　　　　＝労働装備率×設備生産性
　　　設備生産性＝付加価値率×有形固定資産回転率
　　　労働生産性＝付加価値率×有形固定資産回転率×労働装備率
　　　　　　　　＝設備生産性×労働装備率
　　　資本生産性＝付加価値÷資本

3．付加価値の分配

- 付加価値には，人件費が大きな割合を占める。人件費の増減は利益に影響を与える。
  労働分配率＝人件費÷付加価値
  　　　　　＝1人当たり人件費÷労働生産性

4．事例—自動車業界

本田技研工業，日産自動車，スズキの3社の生産性分析

生産性と付加価値

　生産性とは，企業の生産活動の効率を示す指標であり，投入量と産出量の割合によって示される。産出量として付加価値の概念が用いられる。付加価値とは，企業が原材料と経営資源から創造した価値を指す。そして，この付加価値は創造の参加者に分配されうるものである。また，投入量はヒト，モノ，カネなどの経営資源を意味している。経営分析の中で，生産性は収益性の分析を補完する意味もある[1]。

$$生産性 = \frac{産出量}{投入量} = \frac{付加価値}{経営資源}$$

　分析の目的と対象によって，どのような産出量と投入量を選択するかは異なる。例えば，分母として従業員数，分子として生産数を用いると，従業員1人当たり生産数のような労働生産性を算出することができる。組織間の労働生産性分析を通して，生産活動を改善し，労働現場の効率を高める。生産性の向上は，企業の収益性向上につながる。

　損益計算書を用いた付加価値の算定方法は，主に控除法と加算法（集計法）という2つに分けられる。

　　　控除法：付加価値＝売上高−外部購入費用（前給付費用）

　　　加算法：付加価値＝利益＋人件費＋金融費用＋賃借料＋租税公課＋減価償却費

　理論的に2つの方法は正確であるが，付加価値を用いる分析において加算法（集計法）が便利である。

● 日本銀行方式『主要企業経営分析1995年度』

　　　粗付加価値＝経常利益＋人件費[2]＋金融費用[3]＋賃借料＋租税公課＋減価償却費

● 中小企業庁方式『中小企業白書2016年版』

　　　純付加価値＝営業利益＋役員給与＋役員賞与＋従業員給与＋従業員賞与
　　　　　　　　＋動産・不動産賃借料＋租税公課

日本銀行方式は，外部から購入した資産の利用に伴う減価償却費を加えて，粗付加価値と言う。中小企業庁方式は，企業間で異なる減価償却費の計算方法による影響を除いて，純付加価値と言う。

企業の産出量と投入量によって，様々な生産性指標がある。

2 生産性指標の分類

1 産出量による分類

分子の産出量を物量単位で測定することは物的生産性と呼ばれ，産出量と生産要素投入量との関係を示す指標である。物的生産性は生産・開発部門の効率化を図るものであるため，異なる業界間での比較が難しい。

分子の産出量を貨幣単位で測定することは価値的生産性と呼ばれる。例えば，1人当たり売上高が挙げられる。経営分析では，価値的生産性を扱う[4]。

2 投入量による分類

投入量による分類には，一般的に投入された労働力の効率性を示す労働生産性と，投下された資本の効率性を示す資本生産性がある。また，それらは生産要素別の部分生産性と呼ばれるものである。

労働生産性とは，従業員1人当たり付加価値を意味し，人的要素が企業の競争力に対する貢献度を表すものである。特に，商業など非製造業の生産性を分析する際に用いられる場合が多い。

$$労働生産性 = \frac{付加価値}{従業員数}$$

労働生産性は，1人当たり売上高と付加価値率に分解することができる。

$$労働生産性 = 1人当たり売上高 \times 付加価値率$$

$$\frac{付加価値}{従業員数} = \frac{売上高}{従業員数} \times \frac{付加価値}{売上高}$$

したがって，労働生産性を向上するために，1人当たり売上高または付加価値率を高めるべきである。例えば，売上高が変動しなくても，人員削減によって1人当たり売上高を高める，または，自社での生産活動の割合を高めることで，付加価値率を上げられる。労働生産性の分解によって，ある企業の労働生産性の変動要因や，他企業と異なる理由を明らかにすることが可能となる。

また，製造業を分析する際に，設備の生産性を検討する必要がある。その際に，労働生産性を労働装備率と設備生産性に分解することが有効である。

$$労働生産性 = 労働装備率 \times 設備生産性$$

$$\frac{付加価値}{従業員数} = \frac{有形固定資産}{従業員数} \times \frac{付加価値}{有形固定資産}$$

労働装備率は1人当たりの有形固定資産の金額を表し，企業資本の集約度を示す。労働装備率が高い企業は機械化が高く，資本集約型（重工業など）である。労働装備率が低い企業は人的資源が多く，労働集約型（サービス業など）である。この分解式によれば，労働生産性を高めるためには，単なる工場の規模を拡大することよりも，新規設備の効率性を考慮する投資戦略が有効である。

設備生産性は現有設備の効率性を示すものであり，設備投資効率あるいは狭義の資本生産性とも呼ばれる。

$$設備生産性 = 付加価値率 \times 有形固定資産回転率$$

$$\frac{付加価値}{有形固定資産} = \frac{付加価値}{売上高} \times \frac{売上高}{有形固定資産}$$

労働生産性と設備生産性との関係は以下のように示すことができる。

$$労働生産性 = 付加価値率 \times 有形固定資産回転率 \times 労働装備率$$
$$= 設備生産性 \times 労働装備率$$

労働生産性に対して，経営資本が生み出す付加価値額を示す資本生産性[5]が

ある。

$$資本生産性 = \frac{付加価値}{資本}$$

3 付加価値の分配

　付加価値には，人件費が大きな割合を占めており，利益に影響を与える。人件費は，財務省の『法人企業統計調査2014年度』では，「役員給与＋役員賞与＋従業員給与＋従業員賞与＋福利厚生費」により計算されている。

$$労働分配率 = \frac{人件費}{付加価値}$$

　労働分配率とは，付加価値に占める人件費の割合のことである。人材確保と人材育成の観点からすると，労働分配率は高ければ高い方が望ましい。しかし，労働分配率を高めれば，株主への価値分配が少なくなる恐れがある。多くの企業は，同業他社の給与水準と比較して，労働分配率を調整する。労働分配率の分析において従業員数を用いて分解することができる。この分解式で示すように，労働分配率を抑えるために，1人当たり人件費を下げるほかにも，労働生産性を上げる方法もある。

$$労働分配率 = 1人当たり人件費 \div 労働生産性$$

$$\frac{人件費}{付加価値額} = \frac{人件費}{従業員数} \div \frac{付加価値額}{従業員数}$$

4 事例—自動車業界

　現在，自動車産業は日本の産業を牽引していると言われる[6]。グローバル市場においても，日本の自動車メーカーのシェアは高いのである。高い生産性は，

経営資源を効率的に利用していることを意味する。効率性の改善は企業の競争力に影響を与える。そこで，日本の自動車メーカーの3社の有価証券報告書をもとに，各社の労働生産性を分析していく。

●図表8－1　自動車3社の生産性比較（2015年度）

	本田技研工業	日産自動車	スズキ
売上高（百万円）	14,601,151	12,189,519	3,180,659
付加価値額（百万円）	2,033,437	1,299,624	280,160
人件費（百万円）	1,497,127	409,876	80,687
従業員数	208,399	152,421	61,601
有形固定資産（百万円）	3,164,538	5,241,571	776,484
総資本（百万円）	18,327,566	17,209,651	2,977,404
労働生産性（百万円）	9.76	8.53	4.55
1人当たり売上高（百万円）	70.06	79.97	51.63
付加価値率（％）	14	11	9
労働装備率（百万円）	15.18	34.39	12.61
設備生産性（％）	64	25	36
有形固定資産回転率（回）	4.61	2.33	4.10
労働分配率（％）	74	32	29
1人当たり人件費（百万円）	7.18	2.69	1.31
総資本生産性	0.11	0.08	0.09

注：表中の付加価値額には租税公課と減価償却費は含まれていない。
出所：各社有価証券報告書の連結財務諸表により筆者作成。

第8講　生産性分析

● 図表8-2　労働生産性と設備生産性の分析手順

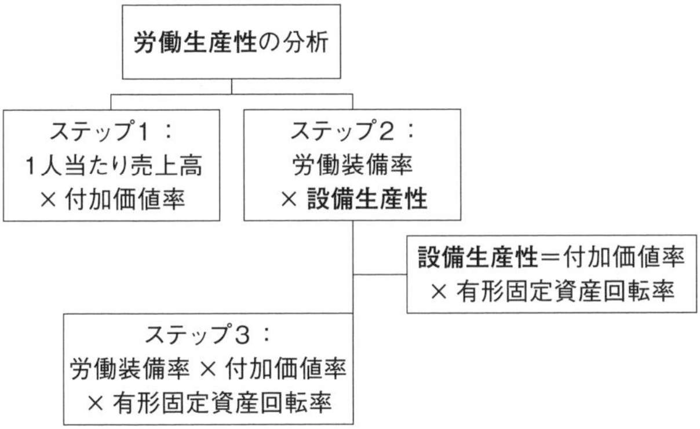

```
              労働生産性の分析
         ┌──────────┴──────────┐
    ステップ1：           ステップ2：
    1人当たり売上高        労働装備率
    ×付加価値率           ×設備生産性
                               │
                      設備生産性＝付加価値率
                      ×有形固定資産回転率

            ステップ3：
        労働装備率×付加価値率
        ×有形固定資産回転率
```

出所：筆者作成。

ステップ1：

　　労働生産性＝1人当たり売上高×付加価値率

● 図表8-3　労働生産性の分析①

	本田技研工業	日産自動車	スズキ
労働生産性（百万円）	9.76	8.53	4.55
1人当たり売上高（百万円）	70.06	79.97	51.63
付加価値率（％）	14	11	9

出所：各社の2015年度の有価証券報告書の連結財務諸表より筆者作成。

　本田技研工業の労働生産性は他の2社より高い。1人当たり売上高と付加価値率に分解すると，本田技研工業の労働生産性が高い原因は，付加価値率が高いことにあること。

ステップ2:

労働生産性＝労働装備率×設備生産性

●図表8－4　労働生産性の分析②

	本田技研工業	日産自動車	スズキ
労働生産性（百万円）	9.76	8.53	4.55
労働装備率（百万円）	15.18	34.39	12.61
設備生産性（％）	64	25	36

出所：各社の2015年度の有価証券報告書の連結財務諸表より筆者作成。

　また，労働装備率と設備生産性を見ると，本田技研工業の労働生産性が高い。設備生産性が高いからである。設備生産性は付加価値と有形固定資産回転率に分解することができる。

設備生産性＝付加価値率×有形固定資産回転率

●図表8－5　設備生産性の分析

	本田技研工業	日産自動車	スズキ
設備生産性（％）	64	25	36
付加価値率（％）	14	11	9
有形固定資産回転率（回）	4.61	2.33	4.10

出所：各社の2015年度の有価証券報告書の連結財務諸表より筆者作成。

　本田技研工業は高い付加価値率が響き，設備生産性が高い。具体的に見ていくと，スズキは9％であるのに対して，本田技研工業は14％である。有形固定資産回転率についても，日産自動車は2.33回であるのに対して，本田技研工業は4.61回に達した。

ステップ 3 :

労働生産性＝付加価値率×有形固定資産回転率×労働装備率

● 図表 8 − 6　労働生産性の分析③

	本田技研工業	日産自動車	スズキ
労働生産性（百万円）	9.76	8.53	4.55
付加価値率（％）	14	11	9
有形固定資産回転率（回）	4.61	2.33	4.10
労働装備率（百万円）	15.18	34.39	12.61

出所：各社の2015年度の有価証券報告書の連結財務諸表より筆者作成。

　日産自動車の労働装備率は他社より倍以上高い。その背景には，日産自動車は積極的に投資活動を行っていたことが挙げられる。しかし，有形固定資産回転率をみると，本田技研工業とスズキは日産自動車より比率が高い。このことは，本田技研工業とスズキが効率性を重視していることが裏付けられる。したがって，付加価値率は労働生産性を決める重要な要素であることがわかる。

労働配分率の分析：

労働分配率＝１人当たり人件費÷労働生産性

● 図表 8 − 7　労働分配率の分析

	本田技研工業	日産自動車	スズキ
労働分配率（％）	74	32	29
労働生産性（百万円）	9.76	8.53	4.55
１人当たり人件費（百万円）	7.18	2.69	1.31

出所：各社の2015年度の有価証券報告書の連結財務諸表より筆者作成。

　本田技研工業の労働分配率が他社より高い。労働生産性について，本田技研工業は日産自動車との格差が小さく，スズキの約２倍である。１人当たり人件費から見ると，本田技研工業は他社よりはるかに高いのである。

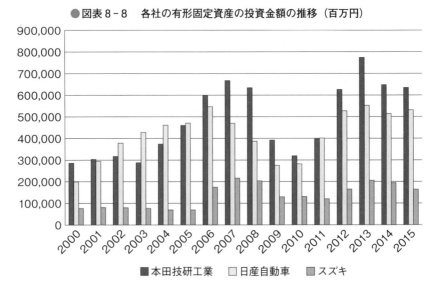

●図表8-8　各社の有形固定資産の投資金額の推移（百万円）

出所：各社の有価証券報告書より筆者作成。

　こうして，生産性の分析を通して，従業員の生産性，設備の生産性，固定資産の投資水準を明らかにすることができる。それらの要素を改善することで，企業の競争力を高める。

　近年，自動車企業は生産性を高めるために，日本国内で人的資源への投資を増やしている。本田技研工業は2003年4月から，定年退職（60歳）を迎える従業員を対象に再雇用制度を導入している[7]。2017年，自動車大手は4年連続で，ベースアップ実施を決めた[8]。

　また，図表8-8で示すように，2008年のリーマンショックの影響を受けて，各社は有形固定資産への投資を縮小した。しかし，その後本田技研工業と日産自動車は積極的に有形固定資産に投資している。

【注】

1) 櫻井（2015）p.189
2) 人件費は，製造費用中の労務費，経費中に表示された人件費（建設費）および販売費及び一般管理費中の役員給料・手当，従業員給与・手当（福利厚生費，退職金，退職給与引当金・賞与引当金繰入額等を含む）の合計額である。

3) 金融費用は，支払利息・割引料（社債利息を含む），社債発行差金償却および社債発行費償却の合計額である。
4) 青木（2012），p.251。ここで，「物的生産性はエンジニアの領域であり，経営分析では扱わない。経営分析ではもっぱら価値的生産性を扱う」と述べている。
5) 同上書，p.268。「使用資産の中に，有形固定資産，無形固定資産，流動資産などいろいろな資産が含まれて資本集約度の概念があいまいなため，経営分析実務ではあまりつかわない」と述べている。
6) 上山（2012），p.1。
7) 「人材重要項目とデータダイバーシティの推進 ―定年退職者の再雇用―」
http://www.honda.co.jp/sustainability/human-resource/data/diversity/2017年3月25日アクセス。
8) 「日本経済新聞」2017年3月15日付朝刊。

【参考文献】

青木茂男　『要説　経営分析〔四訂版〕』　森山書店，2012年。
青木茂男　「第1章　伝統的経営分析体系の展開傾向：Ⅱ-6生産性の分析」『新版 経営分析事典』日本経営分析学会編，税務経理協会，2015年，pp.8-9。
上山邦雄「日本自動車産業における競争優位の再構築」『産業学会研究年報』第27号，2012年，pp.1-15。
桜井久勝　『財務諸表分析〔第6版〕』　中央経済社，2015年。
藤本隆宏　『生産マネジメント入門〈1〉生産システム編』　日本経済新聞社，2001年。
森　久・長野史麻・徳山英邦・蒋　飛鴻・関　利恵子『財務分析からの会計学〔第3版〕』森山書店，2015年。
日本銀行統計局編『主要企業経営分析（1995年度）』。
中小企業庁編『中小企業白書（2016年版）』。
スズキ株式会社『有価証券報告書』2000-2015年度。
日産自動車株式会社『有価証券報告書』2000-2015年度。
本田技研工業株式会社『有価証券報告書』2000-2015年度。

（趙　彤基）

第9講

配当，株価と経営分析

1．配当とは何か
(1) 配当政策の誕生
- 配当政策：利益額に占める配当の割合と留保の割合に関する意思決定
(2) 剰余金の配当
- 剰余金＝その他資本剰余金＋その他利益剰余金

2．配当と株価の関係
(1) 配当割引モデル
- 株式の価値は「将来の期待配当を期待収益率で割り引いた現在価値の総体」
(2) 配当割引モデルにおける配当の役割
- 利益やキャッシュに代替し有配企業の価値評価に用いられる

3．配当水準の決定要因
(1) 安定配当政策：配当水準の安定性・継続性を重視する政策
(2) 配当の情報効果：配当水準の変化は将来収益に対する経営者の見通しを伝達する手段
(3) 残余配当政策：内部留保の確保を優先し，残余があれば配当する政策
(4) 配当水準の決定パターン：安定配当政策の妥当性が支持される

4．日本企業の配当政策－過去と現状－
(1) 配当水準を測る指標
- 1株当たり配当金＝配当総額÷発行済み株式数（単位：円）
- 配当性向＝配当総額÷税引後当期純利益×100（単位：％）
(2) わが国上場企業の配当行動（過去と現状）
- ①配当金の安定化→②業績に応じた配当金の支払い→③配当政策の多様化
(3) 事例企業の紹介
- オイレス工業株式会社：安定配当型＋業績連動型

5．配当政策の今日的役割
- 敵対的買収のターゲットから逃れる
- 企業経営の効率化を促進
- ステークホルダー間の利害対立を緩和する

第9講 配当, 株価と経営分析

1 配当とは何か

1 配当政策の誕生

　配当とは企業の出資者たる株主へ分配される経営成果の一部であり，元来の性質は株式投資収益の構成要素である。

　今日の企業に見られる配当の原型は企業の清算（解散）価値そのものであった。このことは，昔日の企業が継続を前提に設立されたわけではないことを意味する。よって当時の配当とは清算価値のことであり，それは投資収益そのものでもあった。しかしながら事業が継続的に成功を収めるようになると，企業の継続化が当然検討されることになる。そこで，企業を清算することなく投資の収益を分配するために，利益（損益）計算を実施する必要性が生じた。なぜなら事業（営業）期間内に投資収益を分配するためには，分配額の上限である利益額を算定しなければ分配額が確定しないからである。

　このような継続企業化の進行は期間損益計算の必要性を高める一方，産業の高度化・工業化にともなう企業の資金需要の高まりにより，調達資金の源泉を企業外部のみならず内部にまで求めるようになった。そこで，利益全額を分配することなく，その一定割合を企業内部に留保することで再投資のための内部資金を確保するようになった。配当政策とは利益額に占める配当の割合と留保額の割合に関する意思決定のことであるが，営利追求という動機の下，経営環境の変化に適応するための継続企業化と内部資金調達の必要性がこの政策を誕生させたといえよう。

　後の証券市場の拡充による外部資金調達額の増大は証券の発行市場だけでなく流通市場の規模を拡大させる契機となった。その結果，流通市場における証券，とりわけ株式の売買取引の増大にともない，投資者の株価変動への関心が漸次醸成されることとなった。こうして，株式投資収益そのものであった配当は，証券市場の拡大という環境変化の影響を受け，株式投資収益の構成要素へとその性格を変化させたのである。

2 剰余金の配当

配当政策の形成過程から明らかな通り，配当の原資は伝統的に決算利益であった。利益配当は決算によって確定された利益を原資とするもので，中間配当制度に基づく金銭の分配を除けば，支払い回数は1回に制限されていた。

この「利益の配当」という性格が，2006年の会社法施行により「剰余金の配当」へと変更された。ここでの剰余金とはその他資本剰余金とその他利益剰余金の合計額である。前者の性格は投資の払い戻しであり，後者の性格は留保利益である。決算利益の確定と配当との関係が切断されたことにより配当支払い回数の制限が撤廃されるなど，従前より自由に配当政策をデザインできるようになった。

このように，配当は業績との関連が薄まり，投資収益の一部を構成するに過ぎない存在となった。しかしながら配当支払いの効果・役割に対する評価が，時期（状況）によって異なることもまた事実である。よって本講では史的分析の観点から，配当政策の役割について検討することに重点を置く。

2 配当と株価の関係

1 配当割引モデル

配当割引モデルは配当と株価の関係を整合的に示すものである。このモデルは，現在の株価 P_0 を「将来の期待配当を期待収益率 k で割り引くことにより求められる現在価値の総和に等しい」と見なす点に特徴がある。これの一般式を示すと次式のようになる。

$$P_0 = \frac{D_1}{1+k} + \frac{D_2}{(1+k)^2} + \frac{D_3}{(1+k)^3} \cdots + \frac{D_n}{(1+k)^n} + \cdots$$

$$= \sum_{t=1}^{\infty} \frac{D_t}{(1+k)^t} \qquad \text{①式}$$

①式の D_t は t 年後に期待される1株当たり配当金，k は株主資本コスト（投資者の期待する株式投資収益率）である。この①式では将来の配当金を予測す

る作業が不可欠となるが,配当金が永久に変化しないものと仮定することで単純化することができる。このモデルをゼロ成長モデルといい,次式にて示される。

$$P_0 = \frac{D}{k} \qquad ②式$$

②式において1株当たり配当金Dを15円,株主資本コストkを10%と仮定すれば理論株価 P_0 は150円となる。この計算式の場合,実際に支払われる配当額が相対的に低額な場合,株価は過小評価される。よって②式では利益の全額配当を仮定し,1株当たり配当金を1株当たり利益に置き換え理論株価を求めたほうが現実的といえる。

ただし,中長期的にわたり利益を全額配当する上場企業はまれなケースであること,利益成長に応じて配当金も成長するケースが多いことから,現実企業の配当政策と②式において想定されるそれとの間には乖離が見られる。継続企業の仮定の下,利益成長によってもたらされる増配が考慮された株価モデルを一定成長モデルといい,次式のように示される。

$$P_0 = \frac{D_1}{k-g} \qquad (k > g) \qquad ③式$$

③式のgは配当成長率である。配当成長率の実際の推計は困難であるが,内部金融を前提に資本構成に変化がないことを仮定すれば,期待されるROE(自己資本利益率)と内部留保率(1－d)の積で示すことができる。

$$P_0 = \frac{D_1}{k-(1-d)ROE} \qquad ③'式$$

③'式のdは配当性向(純利益に占める配当総額の割合を示す指標)だが,配当成長率をROEと内部留保率の積で捉えることの利点は,配当水準(配当性向)の変更が株価に与える影響を直観的に,あるいは数値例等を用いて理解・確認できる点にある。たとえば,ROEの引き上げが分母の縮小を通して株価の上昇に繋がりやすいことは上式より明らかである。他方,配当性向dの引き上げ効果は,分子と分母の値がともに上昇するため,ROE引き上げ効果との比較からいえば,株価の上昇に繋がりにくいことがわかる。

2 配当割引モデルにおける配当の役割

配当割引モデルの問題点は無配企業の理論株価が推計できない点にある。無配政策が採用される理由としては「旺盛な資金需要に応えるための資金確保」，「将来収益の低迷が予想されるため」等が挙げられる。

前者の理由に該当する企業は成長段階にあることが多いため，当該企業が仮に赤字であっても成長性が評価され，株価が相対的に高水準となる場合がある。後者の理由に該当する企業は収益低迷の状況下に，もしくはその状況に直面しつつあり，改善の兆しが見られないため，仮に黒字であってもその株価は相対的に低水準となっている場合がある。

いずれの理由においても無配である限り配当割引モデルによる理論株価の推計は出来ないため，これらのケースについてはキャッシュフロー割引モデル等を用いて理論株価を推計することになる。

このように配当金とは獲得された利益（あるいはキャッシュ）を原資に払い出された部分に過ぎず，その総額ではない。よって配当割引モデルにおける配当の役割は期待される利益（あるいはキャッシュ）を代替する点にのみある。企業価値の水準それ自体は期待される利益水準（あるいはキャッシュ）によって形成されるとの理解が妥当だろう。

3 配当水準の決定要因

1 安定配当政策

配当金の決定要因としてもっとも重視されるのはその継続性である。将来収益に対する見込みの変化により多少の増減はあっても，従前の配当水準が短期間のうちに大幅に変動することは考えにくい。何故なら株式投資者の多くは，投資対象企業の配当水準を将来の収益見通しに対する経営者の期待・自信の表れと見なすことが多いからである。それゆえ，配当政策における経営者の基本姿勢は減配に対しても増配に対しても消極的かつ慎重なものとなる。

この結果，配当支払の基本方針は「従前の配当性向あるいは1株当たり配当

金の水準を継続すること」となる。配当性向を一定に維持する場合は利益の増減にあわせて配当総額が変動するものの，1株当たり配当金を一定に維持する場合は，原則として赤字・黒字に係わらず定額の配当金が支払われることになる。このように配当指標の水準を一定に保つ政策を安定配当政策というが，わが国では伝統的に1株当たり配当金を一定化する後者のタイプの配当方針が，多くの上場企業によって採用されてきた。

② 配当政策の情報効果

配当が将来収益に対する経営者の見通しの表れであると見なす考えは，配当水準の変更が，株式投資収益の増減に影響を与える可能性があることを示唆する[1]。とりわけ株式投資者と企業経営者との間に当該企業の業績等に係わる情報の非対称性が存在する場合，配当政策の変更は株式投資に係わる有益な情報を投資者に伝えている可能性がある。これを配当政策の情報効果という。

この情報効果仮説は，増配情報と株式投資収益との間に正の相関関係があることを示唆する。実際，多くの実証研究において増配と株式投資収益との間に正の相関関係が確認されている[2]。

③ 残余配当政策

残余配当政策は安定配当政策とは異なるタイプの政策である。この政策は，投資資金確保のために内部留保額を優先してその残余を配当するという，留保政策としての性格を色濃く持っている。残余配当政策の特徴は，投資資金の確保を重要視するため，その投資案件の規模に応じて配当性向が変動する点にある。

このように残余配当政策には配当の支払いを優先するという発想がない。そのため収益向上に資する投資機会が豊富な場合，減配もしくは無配政策を採るケースも生じてくる。成長段階にある企業が無配政策を採る根拠もこの点に求められる。他方，そのような投資機会が乏しい場合，復配や増配等の措置が採られる可能性が高まることになる。外部資金調達が困難な状況，あるいは投資資金の迅速な調達が必要とされる状況においては，このタイプの配当政策が重視される。

●図表9－1　配当水準の決定パターン

（注）　筆者作成。

4 配当水準の決定パターン

　情報効果に見る将来の収益見通し，そして残余配当政策に見る投資資金の確保という観点から，配当水準の決定パターンを図示すると図表9－1のようになる。

　図表9－1は縦軸を将来の収益見通し，横軸を投資機会として配当の決定パターンを示したものである。これまでの考察に基づけば第Ⅰ象限は増配，第Ⅲ象限は減配が望ましいことになる。第Ⅱ象限および第Ⅳ象限については増配・減配ともに望ましい状況にあるが，これらの象限については双方の効果が打ち消しあうことから，従前の配当方針の継続，すなわち配当金を据え置く安定配当が望ましいことになる。

　このように情報効果と残余配当という異なる配当決定パターンを組み合わせた結果からみても，安定配当政策の妥当性がおおむね支持される。

4 日本企業の配当政策－過去と現状－

1 配当水準を測る指標

　日本企業の配当政策史を概観する上で配当指標の意味を確認する必要があるため，ここで2つの指標を紹介しておこう。

① 1株当たり配当金＝配当総額÷発行済み株式数（円）

わが国ではこの1株当たり配当金を基準に配当総額を決定してきた歴史的経緯があるため，いまだ重視される指標である。

② 配当性向＝配当総額÷税引後当期純利益×100（％）

株主に帰属する純利益に占める配当の割合を示す指標である。わが国では1960年代以降の利回り革命，そして1970年代以降急速に拡大してきた株式時価発行に対応する形で急速に普及した配当指標である。

次節ではこれら2つの指標がわが国企業の配当行動（配当方針）のなかでどのように用いられてきたかを検討する。

2　わが国上場企業の配当行動

「1株当たり配当金」と「配当性向」はわが国において長期に渡り活用されてきた代表的な配当指標であるが，これらがどのような方針の下で活用されてきたかについて整理しておこう。

1　拡大経営期

第二次世界大戦前より，わが国企業のほとんどは株式の額面金額（株式券面に付される金額，戦後は1株につき50円が標準的）の1割程度を基準に1株当たり配当金の額を決定していた。本講ではこれを額面配当率基準[3]と呼ぶことにする。それゆえわが国固有の配当基準は額面配当率基準のみであり，額面金額に基づく株式発行が下火となった1970年代以降であっても，この基準を踏襲した1株当たり配当金が配当総額を規定する最大の要因であり続けた。

1株当たり配当金の水準は，株式の額面発行を前提としていた1950－60年代において，資金調達政策（増資）と投資政策からの影響を受けていた。リスクの高い株式を円滑に発行するためには，額面配当率を金利よりも高い水準に留める必要があった。このような理由で株式の発行は他の資金調達よりも高コストであったことから，配当負担の軽減は経営者側の宿願でもあった。また同時に，1株当たり配当金は株式投資指標として重要視されていた。1950年代において，配当利回り（1株当たり配当金÷株価）が社債利回りや預金金利よりも

高水準にあることが投資の際に重視されたことから，投資者側が高額配当を期待していたことは容易に理解できる。

新株発行の増加による配当総額の大幅増加を避けたい経営者の思惑から，1株当たり配当金が徐々に減少したものの，金利よりも高い額面配当率を望む投資者の影響によって，平均的な1株当たり配当金は額面比1割程度の水準に落ち着いた。この一連の経緯こそ，1株当たり配当金をベースとした安定配当政策の形成過程である。

ところが1960年代以降，1株当たり配当金の重要性を低下させる状況が出現した。この背景には「配当利回りから株式益回り（1株当たり利益÷株価）へ」という株式投資指標のシフトとともに，「額面（発行）から時価（発行）へ」という有償増資における価格形態のシフトがあった。とりわけ1970年代から増加する時価発行は，調達コストとしての配当金を増やすことなく，調達額が額面ベースから時価ベースへ拡大されたことで，額面発行の課題とされていた配当負担の軽減を実現するとともに，額面配当率基準に替わる配当基準の導入を促した。何故なら，時価発行へシフトした企業が配当額を決定する際に額面配当率基準を採用する根拠も必要性もなくなったからである。このような経緯で，欧米で用いられている配当性向基準[4]を採用する企業が漸次増加することとなった。

ただし，この基準が1980年代を通して定着したとは言い難い。配当総額の決定において1株当たりを基準とする慣行が比較的強固であったこと，とりわけ1980年代後半の活況と資産価格の高騰により株式値上がり益が重視されたため，配当そのものへの関心が殆どなかったことがその主たる理由である。良好な経済環境を反映して1株当たり配当金は増加傾向にあったものの，利益成長が配当成長を上回ったため，配当性向は20～30％台[5]の低水準を推移する結果となった。額面発行が主流の時期は配当指標への注目度が比較的高かったものの，時価発行へのシフトが始まった1970年代以降における配当指標への注目度は徐々に低下していったといえよう。

2　株主価値経営期

いわゆるバブル経済の崩壊により株価水準が大幅下落したことを受け，配当

政策への積極的な再評価が試みられたのが1990年代前半における企業財務の特徴である。この再評価の主だった内容を整理すると次のようになる。

（ⅰ）株価の大幅下落は，効率性や株主利益を軽視し量的拡大に走った企業経営の在り方に原因がある。
（ⅱ）よって株主の期待に応えるためには，効率性の向上を通して利益率を引き上げ，配当の成長性を高めることが肝要となる。

（ⅰ）の論調からＲＯＥ重視，（ⅱ）の論調から利益の多くを株主に分配すべきという配当性向重視のトレンドが形成され，これらの引き上げが株主価値向上の条件として声高に叫ばれるようになった。

1990年代後半に日本企業は深刻な業績低迷を経験したが，この時期以降に放出された持ち合い株式を外国人投資家が積極的に取得したことにより，株主構成における外国人の割合が株式・金額ベースともに大きく上昇した。投資収益の増大，企業経営への関与を望む外国人株主の増加は「株主価値経営」推進の原動力となり，企業側は増収・増益にいっそう注力せざるを得なくなった。

2003年以降の業績回復及びその伸長を梃子に「目標1株当たり配当金」や「目標配当性向配」を掲げ業績に応じた配当額を支払う，いわゆる「業績連動型」配当政策を採用する日本企業の増加が顕著となったが，この変化には外国人株主の増加が多分に影響している。

この「業績連動型」の配当政策は利益に応じた配当を支払うことを旨とするため，配当性向基準と比較的強く結びついている点に特徴がある。配当指標への注目度が高まったことでその水準向上を実現した点こそが，この時期の配当政策の特徴といえる。

3　共通価値経営期

わが国上場企業の経営形態が株主価値経営へシフトしていったことに対する批判は少なからずある。この「株主価値経営」への批判を整理すると次のようになる。

第1に，企業目的が株主利益へ過度に偏向している点である。第2に，それ

●図表9－2　企業側が望む配当政策のスタイルについてのアンケート結果

年度	安定した配当の維持	業績に連動した配当の実施	その他
H18	45.2%	50.0%	6.0%
H19	61.4%	20.8%	17.5%
H20	66.2%	20.6%	11.9%
H21	72.2%	17.4%	8.7%
H22	74.2%	17.8%	6.7%

（注）　無回答を省いたため，合計は100％とならない。
（出所）　生命保険協会『株式価値向上のための取り組みについて』各年度版。

ゆえ，他のステークホルダーへの分配を削減してまで株主利益を確保する可能性が否定できない点である。第3に，株主以外のステークホルダーへの成果配分を軽視する論調は彼ら（とりわけ従業員）のモラール低下を通して企業の競争力を減退させてしまう可能性が否定できない点である。

利益確保のために人員削減を進める大規模企業が存在することは様々な形において報道されているが，このような合理化を経て達成された利益が配当の原資になっている場合，この状況下での配当支払いは従業員に分配されるはずであった富を株主に分配していることになる。社会全般において雇用問題が関心を集める中，人件費の削減によって達成された増益分を増配に充当するならば，批判の対象となることは免れない。この種の批判を避ける上でもっとも望ましい配当政策は，従前の1株当たり配当金の維持に主眼を置いた安定配当政策となろう。近年に見る安定配当への回帰は，不確実な世界における高額配当維持の困難性を示唆するものであろう（図表9－2）。

ただし，企業目的が株主利益に過度に偏向していないならば，堅持してきた配当方針を無理に変更する必要も無い。配当の支払いは利害関係者間の富の移転を促すだけでなく，過大投資を抑制する手段でもあるため，配当性向基準の利点も活用することが望ましい。

以上のことから，ポスト株主価値経営においては，単一指標に依存するだけでなく，個別企業の事情を考慮した，複数の配当指標を組み合わせた配当政策の実践事例が増加することも予想される。この種の事例が増加すれば，従前よ

り画一的といわれてきたわが国上場企業の配当政策に対する評価も変わってくるものと思われる。

③ 事例企業の紹介

2009年3月期以降の急速な業績低迷は，日本企業の配当方針に再修正を迫るほどの影響を及ぼした。かつてない急激な増配は急速な減配を避け得ない状況を招来したからである。1株当たり配当金の目標値を設定していた企業の多くは，目標値の引き下げや安定配当政策へ方針転換するなどの対応に追われることとなった。

業績向上期に1株当たり配当金の目標値を設定することに別段問題は無いが，業績低迷期においては必ずしも望ましいわけではない。何故なら，業績連動型であれば配当水準を引き下げるだけで事足りると考えがちだが，情報非対称下における減配は経営者サイドが予想しえない株価の下落を引き起こす可能性があるからだ。

他方，配当性向基準は業績低迷期にその限界を露呈する。業績向上期に配当性向基準を採用する場合，増配を通して目標値を達成する手段が採られるものの，業績低迷期では増配せずに目標値を容易に達成できるため，目標値の設定自体に重要な意味はない。さらに，赤字となった場合にはマイナスの配当性向が計算されるものの，その数値自体に何ら意味はない。これら指標にみる欠点を補正するならば，配当性向基準を堅持しつつも，業績低迷期に備えて1株当たり配当金を下限基準として用いるなどの工夫が必要になる。換言すれば，安定配当型と業績連動型の折衷型である。

近年，この折衷型の配当政策を採用する企業も徐々に増加しつつあるが，これと同タイプの事例としてオイレス工業（株）を紹介しよう。軸受機器や構造機器を主力事業とする同社が有価証券報告書（2012年3月）で公表している配当政策の方針は以下の通りである。

当社は，将来の経営基盤強化のための投資を考慮しつつ，通期における業績と今後の業績予想を踏まえ，安定的かつ継続的な配当を基本としつつも，30％以上の連結配当性向を目指してまいりました。今後につきましても長期的な視

点から株主の皆様への利益還元に一層努力してまいります6)。

　この事例に見る配当政策は「安定かつ継続的な配当」を基本としながらも，今後の業績および目標とする配当性向の達成を視野に入れた「業績連動型」の側面も有している。複数の配当指標活用を視野に入れ，双方を組み合わせる形で配当方針を具体化することは，経営者側の配当観を投資者側に伝える上で有効だと考える。経営者側の配当観を伝えることで情報非対称を緩和しつつ，その評価を投資者側に委ねる。このような形での多様化が進むならば，その多様性こそがポスト株主価値経営における配当政策の特徴を示すキーワードとなるだろう。

 配当政策の今日的役割

　配当金の支払いには，敵対的買収のターゲットから逃れるため，あるいは経営資源の浪費を避けるべく余裕キャッシュを払い出して企業経営の効率化を促す，という効果もある。この効果を求めるのは，自社株式の評価が相対的に低い企業，あるいは投資機会の不足のため内部留保の蓄積が進み余裕キャッシュが滞留している企業に限定される。ただし，この効果を配当政策のみに求める必要はないため，配当政策と同じくキャッシュ分配機能を有する自社株買いの代替的活用も考慮するケースも生じてこよう。

　元来，継続性のない自社株買いの併用も視野に入れるならば，配当政策には継続性がより要求される可能性が高くなるが，配当の支払いのみをキャッシュの分配方法として選択するならば，先に述べた配当政策の多様性が生じることになる。このように，自社株買いの活用も視野に入れた場合，分配（ペイアウト）政策全体については選択肢の増加により多様なデザインが可能となる。

　ただし先述の通り，キャッシュ分配がもたらす富の移転は，先行き不透明な経営環境下におけるステークホルダー間の利害対立を惹起させ，悪化させる可能性がある。資金需要，今後の業績，効率性向上等を考慮しつつ活用すべき配当指標を選択し，くわえてキャッシュの移転がもたらす利害対立を緩和するように分配額を決定するという基本姿勢の維持が，今後の配当政策，自社株買い

も視野に入れた分配(ペイアウト)政策のデザインにおいてますます重要となろう。

【注】
1) 岡部,88ページ。
2) 岡部,88ページ。
3) 津村,2ページ。
4) 津村,同上書,2ページ。
5) 全国証券取引所協議会,(42)-(43)ページ。
6) 有価証券報告書のデータはeolから取得した。

【参考文献】
岡部政昭「配当政策論争の再検討」『成城大学経済研究』第68号,1980年,83-109ページ。
坂本恒夫(編)現代財務管理論研究会(著)『テキスト財務管理論』第4版,中央経済社,2011年。
全国証券取引所協議会(編)『企業業績及び配当の状況』(平成10年度版)。
高橋文郎『実践コーポレートファイナンス』ダイヤモンド社,2001年。
津村英文『配当―その光と影』税務経理協会,1981年。

(落合　孝彦)

第3部

株式市場評価力と経営分析

第10講

機関投資家と経営分析

1．意義・目的

○ 株式会社と株式市場の関係の変化
  (1) 株式会社の資金調達の場としての株式市場
    企業行動：株式市場からの資金を利用した拡大経営
        ― 収益，利益の拡大
    株　主：主な資金提供者は，銀行や企業
        ― 株式会社にとっての安定株主
  (2) 株式市場による株式会社の評価
    企業行動：効率性の追求
        ― 景気の低迷により売上や利益の拡大が困難になる
    株　主：主な資金提供者は，機関投資家
        ― 利益率，効率性の重視
⇒ 株式市場の役割が，資金供給の場から企業活動監視の場へ

2．手　法

○ 企業評価の変遷
  (1) 成長性
    ― 特定の年度に対して収益や利益の増減を測る
        → 対前年度比率，伸び率
  (2) 利益率，効率性
    ― 調達した資本の活用がどのように行われているかを測る
        → ROE, EVA®, CF

3．位置付けと評価

○ 通常の数値による分析に加え，株主構成を踏まえた分析の必要性
  ― どのような大株主が存在しているか
    → 企業への影響力が異なる

4．事例分析：キヤノン株式会社

― 2004年に外国人投資家の株式保有比率が50％を超え，上場企業として最高となる
― 株主構成の変化
― 事業の取り組み
― 業績推移

5．株主価値経営から共通価値経営へ

○ PRIに基づく機関投資家の投資

1 意義・目的

1 株式会社の資金調達の場としての株式市場

　1990年代以降，日本の株式市場で海外の機関投資家の存在が注目されるようになってきた。機関投資家とは，個人や企業に代わって資金を運用し，投資収益を上げることを目的に活動する機関であり，プロの投資家である。機関投資家の代表的なものとして保険会社，投資信託，年金基金等がある。

　日本では，1980年代に個人の金融資産が保険や年金等に集まり，これらの機関による日本企業への投資，すなわち株式の所有が増加していった。こうしたことを機関化現象と呼んでいる。日本の機関投資家も投資収益を上げ，利益を契約者に還元するという点では海外の機関投資家と同じではあるが，企業との関係においては異なる点がある。

　それは，大規模な資金を投資する大株主として存在しているという点では同じであるが，企業の経営には積極的に関与しないという点で異なるということである。経営に関与しない大株主は，サイレント・パートナーと呼ばれている。日本の機関投資家は，日本特有の株式持ち合いという企業間関係の中で，都市銀行や事業会社とともに企業の安定株主として存在していた。

　1980年代後半まで都市銀行，事業会社，日本の機関投資家は，安定株主としての一面を有してはいるが，株式会社における主要な株主，すなわち資金提供者であった（図表10－1）。この時期の日本の株式市場は，株式会社に対して安定的な資金提供の場，企業の資金調達の場としての役割を有していた。これらの資金，企業間関係を背景として企業は収益，利益の拡大を目指す経営を行うことができたのである。

2 株式市場による株式会社の評価

　バブル経済崩壊後，1990年代に入ると企業の業績は低迷し，株価も下落した。こうした環境の変化により，これまでの主要な株主であった銀行や事業会社は，他社の株式を所有し続けることよりその一部を売却することを選択した。それ

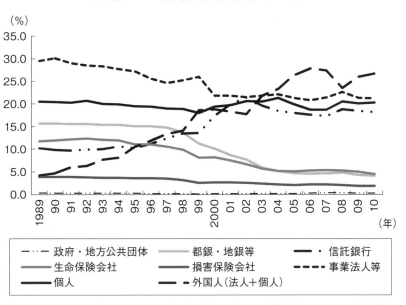

●図表10-1　投資部門別株式保有比率の推移

(出所)『東証要覧 FACT BOOK 2012』東京証券取引所, 2012年, 128ページ。

は,株式の時価評価による損失計上を求める会計制度の変更が行われたことも関係している。すなわち,景気が低迷し,企業の業績が悪化する中,所有株式の株価が下落することによる有価証券評価損が銀行や事業会社の業績に影響を与えるからである。図表10-1からも都銀・地銀等,事業法人の保有比率が減少していることがわかる。

　株式持ち合い関係の崩壊により市場に売却された株式の受け皿,買い手となったのが図表10-1の外国人,すなわち海外の機関投資家である。外国人投資家の株式保有比率の上昇から,1990年代に入り主要な株主として海外の機関投資家が注目されるようになったのである。

　海外の機関投資家は投資収益を確保するうえで,業績の低迷する企業の株式を売却するという行動を取るようになった。いわゆるウォール・ストリート・ルールと呼ばれる投資行動である。

　しかし,機関投資家の資金規模が拡大したこと,所有株式数が増大したことにより業績の低迷した企業の株式を売却することが容易にできない状況となっ

た。それは，機関投資家の株式保有比率が高まったことにより，大量の株式を売却することで，株式市場全体に株価下落という影響を与えるおそれがあるからである。

そこで，機関投資家は議決権を行使し，業績が低迷している企業に対し経営の改善を求め，場合によっては経営者を交代させるということを行うようになった。こうした海外の機関投資家の行動は，企業に利益率や効率性を追求させ，株主の利益を重視する経営へとシフトさせていった。海外の機関投資家は，企業の売上や利益の拡大よりもＲＯＥやＥＶＡ®等の指標を重視し，企業も機関投資家の期待に応える経営が求められるようになった。

日本の株式市場で，海外の機関投資家の存在が大きくなるに伴い，株式市場の役割が，従来の株式会社の資金調達の場だけではなく，企業活動監視の場，企業評価の場を果たすものへと変化していったのである。

2 手　　法

1 成　長　性

銀行や事業会社が企業の主要な株主であった1980年代後半まで，企業は拡大経営を続け，株主もそれを容認していたことは前述のとおりである。

それでは，企業が拡大していることを判断するための指標にはどのようなものがあるだろうか。ここでは，代表的なものとして対前年度比率，伸び率についてみることとする。

対前年度比率とは，貸借対照表や損益計算書の特定の項目について今年度の金額が，前年度の金額と比べ，増加したのかあるいは減少したのかを知るための指標である。

また，伸び率とは，特定の項目について今年度は前年度の金額からどの程度増加あるいは減少したのかを知るための指標である。

それぞれの計算式は，式１，式２のとおりである。なお，伸び率は，対前年度比率から100を引くことにより求めることもできる。

第10講　機関投資家と経営分析

● 図表10－2　総資産・売上高等推移

年度	総資産	売上高	対前年度比率		伸び率		集計法人数
			総資産	売上高	総資産	売上高	
1981	5,464,018	8,809,834	―	―	―	―	25,110
1982	5,689,538	9,018,504	104.1	102.4	4.1	2.4	26,013
1983	5,968,002	9,209,682	104.9	102.1	4.9	2.1	17,886
1984	6,481,977	9,910,182	108.6	107.6	8.6	7.6	19,405
1985	7,035,660	10,590,679	108.5	106.9	8.5	6.9	19,432
1986	7,476,750	10,573,421	106.3	99.8	6.3	−0.2	21,261
1987	8,521,053	11,167,574	114.0	105.6	14.0	5.6	21,932
1988	9,582,315	12,717,253	112.5	113.9	12.5	13.9	22,185
1989	10,613,527	13,078,501	110.8	102.8	10.8	2.8	23,635
1990	11,421,068	14,281,807	107.6	109.2	7.6	9.2	24,759
1991	12,061,533	14,747,749	105.6	103.3	5.6	3.3	24,995
1992	12,436,531	14,650,594	103.1	99.3	3.1	−0.7	25,457
1993	12,732,267	14,391,120	102.4	98.2	2.4	−1.8	26,040
1994	13,005,324	14,389,845	102.1	100.0	2.1	0.0	26,219
1995	13,448,719	14,846,977	103.4	103.2	3.4	3.2	26,594
1996	13,080,820	14,483,830	97.3	97.6	−2.7	−2.4	25,691
1997	13,142,650	14,674,240	100.5	101.3	0.5	1.3	25,394
1998	13,127,994	13,813,377	99.9	94.1	−0.1	−5.9	25,505
1999	12,849,143	13,834,639	97.9	100.2	−2.1	0.2	24,554
2000	13,095,082	14,350,278	101.9	103.7	1.9	3.7	24,338
2001	12,431,100	13,382,065	94.9	93.3	−5.1	−6.7	23,887
2002	12,348,212	13,268,020	99.3	99.1	−0.7	−0.9	23,840
2003	12,306,956	13,346,737	99.7	100.6	−0.3	0.6	24,885
2004	12,855,298	14,203,559	104.5	106.4	4.5	6.4	25,816
2005	13,435,565	15,081,207	104.5	106.2	4.5	6.2	25,738
2006	13,902,474	15,664,328	103.5	103.9	3.5	3.9	25,620
2007	13,537,990	15,801,713	97.4	100.9	−2.6	0.9	25,039
2008	14,027,629	15,082,072	103.6	95.4	3.6	−4.6	29,667
2009	14,373,153	13,680,196	102.5	90.7	2.5	−9.3	27,282
2010	14,460,336	13,857,426	100.6	101.3	0.6	1.3	27,817

（注）　単位は，総資産および売上高は億円，比率は％，法人数は社である。
（出所）　財務省財務総合政策研究所編『財政金融統計月報』，「法人企業統計年報」各号のデータより作成。

$$\text{対前年度比率（\%）} = \frac{\text{調べたい年度の金額}}{\text{前年度の金額}} \times 100 \qquad \cdots\cdots \text{（式１）}$$

$$\text{伸び率（\%）} = \frac{\text{調べたい年度の金額} - \text{前年度の金額}}{\text{前年度の金額}} \times 100 \qquad \cdots\cdots \text{（式２）}$$

　図表10－2は総資産と売上高等の推移を示したものである。対前年度比率や伸び率を計算することにより，金額よりも増減が判りやすくなる特徴がある。対前年度比率については100％を超える数値，伸び率についてはプラスの数値が増加を表している。

　この図表からも1990年代に入るまで総資産，売上高ともに拡大を続けていることが判る。それに対して，バブル経済崩壊後はわずかに増加あるいは減少してきたことが見て取れる。

2　利益率，効率性

　海外の機関投資家が重視している指標としてＲＯＥ，ＥＶＡ®，キャッシュフロー等がある。ここでは，ＲＯＥについてみることとする。ＲＯＥとはReturn on Equityの略であり，自己資本利益率または株主資本利益率のことをいう。

　自己資本利益率とは，株主から提供された資金を利用してどれだけの利益を上げたのか，効率的な経営を行っているかを判断する指標である。

　この指標を機関投資家が重視する理由としては，株価と関連しており，数値が高いほど株主に対する投資収益性が高いといわれているからである。

　自己資本利益率は，次の計算式で求められる。

$$\text{自己資本利益率（\%）} = \frac{\text{当期純利益}}{\text{自己資本}} \times 100 \qquad \cdots\cdots \text{（式３）}$$

　また，上記の式をデュポン・システムと呼ばれる式に分解することもできる。この式では，右辺の第１項が売上高当期純利益率を，第２項が総資産回転率を，第３項が財務レバレッジを表している。数値が低い場合に，このように分解することで何に問題があり，何を改善すべきかを考えることができる。

第10講　機関投資家と経営分析

$$自己資本利益率（\%）= \frac{当期純利益}{売上高} \times \frac{売上高}{総資産} \times \frac{総資産}{自己資本} \quad \cdots\cdots（式4）$$

3 位置付けと評価

　図表10－3は，ROE等の推移を示したものである。全体をみると，ROEは1980年代が高く，バブル経済崩壊後の1990年代に入り低下し，2000年代半ばに増加がみられる。

　このことから1980年代が最も効率的な経営をしていたように思えるが，そうとは限らない。1980年代はバブル経済による好景気の時代であり，モノを作れば売れるといわれた時代であり，収益・利益を上げやすい時代であった。

　それに対して，バブル経済崩壊後の景気の低迷を経て，利益を上げにくい環境のもと，2000年代に入り企業はいかに効率的に利益を上げるかを重視してきたと捉えることができる。また，この図表は調査対象企業の総計であり，個別企業の分析をすることも必要である。

●図表10－3　企業業績推移

年度	資本・総資産	当期純利益	ROE	年度	資本・総資産	当期純利益	ROE
1981	849,904	72,764	8.6	1996	2,604,118	88,591	3.4
1982	913,157	69,623	7.6	1997	2,613,163	82,758	3.2
1983	991,748	70,439	7.1	1998	2,523,187	△5,333	△0.2
1984	1,094,449	86,841	7.9	1999	2,869,796	21,678	0.8
1985	1,245,084	85,921	6.9	2000	3,363,388	84,173	2.5
1986	1,370,878	84,380	6.2	2001	3,134,800	△4,656	△0.1
1987	1,511,460	119,831	7.9	2002	3,380,944	62,230	1.8
1988	1,753,620	164,065	9.4	2003	3,480,933	131,601	3.8
1989	2,013,624	179,823	8.9	2004	3,836,558	168,210	4.4
1990	2,186,425	175,704	8.0	2005	4,037,846	231,569	5.7
1991	2,321,310	140,850	6.1	2006	4,554,280	281,650	6.2
1992	2,392,886	78,002	3.3	2007	4,539,880	253,728	5.6
1993	2,453,185	37,447	1.5	2008	4,759,525	73,909	1.6
1994	2,470,024	45,142	1.8	2009	4,955,726	92,239	1.9
1995	2,535,347	76,819	3.0	2010	5,148,828	186,864	3.6

（注）　単位は，総資産および売上高は億円，比率は％，法人数は社である。
（出所）　図表10－2に同じ。

なお，個別企業の経営分析を行うにあたり注意しなければならないこととして，株主構成をおさえておくことが挙げられる。株主は投資による利益を期待するが，それを実現するための手段や企業への影響力が異なるからである。

さらに，株主構成の変化による企業の業績だけではなく，どのような事業に取り組んでいるのかを併せてみることで，数値の分析だけではない分析を行うことができる。

 ## 事例分析：キヤノン株式会社

機関投資家が投資をする企業とはどのような企業なのか。ここでは，世界的優良企業と位置付けられるキヤノン株式会社についてみることとする。なお，数値は同社の有価証券報告書，ファクトブック2013／2014のデータを用いている。

まず株主構成であるが，1991年度は金融機関が55.94％，外国人法人等が21.84％という状況である。大株主をみると，上位9位までが都市銀行や生命保険会社である。その後，外国人投資家の日本企業への投資が増加する中，2004年時点で外国人投資家の持ち株比率が50.9％と上場企業として最高となった。2005年度の株主構成は金融機関が37.16％，外国法人等が51.12％となり，大株主も半数を機関投資家が占める状況となった。

「共生」を企業理念とするキヤノンは，組織改革，コスト削減，環境問題などに取り組んでいた。そうした中，1996年にグローバル優良企業グループ構想をスタートさせた。この構想について，当時の社長であった御手洗冨士夫氏は「『雇用の維持』『株主への還元』『新規事業創出』『社会貢献』の四つが達成できなければ企業の存在価値はない」と企業のあり方を示している（日経産業新聞1999年9月27日付）。同構想は5年ごとに更新され，2011年には第4段階（フェーズⅣ）に入っている。

こうした構想のもとに活動しているキヤノンの業績（単体）は，図表10－4のとおりである。売上高，純利益ともに2007年度をピークとし減少している。

また，ＲＯＥについては，2007年度の19.4％から2009年度は4.5％まで低下したが，2011年度には10％まで回復している。キヤノンの業績は，一時期低

●図表10－4　キヤノン株式会社の業績推移（単体）

	2003	2004	2005	2006	2007
売上高	2,023,722	2,278,374	2,481,481	2,729,657	2,887,912
経常利益	320,616	396,250	440,711	523,996	552,843
当期純利益	228,667	249,251	289,294	337,520	366,973
総資産	2,059,317	2,384,803	2,652,847	2,938,072	2,790,892
純資産	1,444,160	1,651,407	1,875,433	2,109,283	1,890,566
ＲＯＥ	15.8	15.1	15.4	16.0	19.4

	2008	2009	2010	2011	2012
売上高	2,721,094	2,025,546	2,317,043	2,160,732	2,113,420
経常利益	359,086	142,684	274,742	282,052	235,728
当期純利益	224,135	80,778	152,498	173,201	157,647
総資産	2,618,998	2,551,100	2,603,429	2,511,608	2,337,002
純資産	1,865,005	1,812,718	1,811,901	1,729,096	1,594,688
ＲＯＥ	12.0	4.5	8.4	10.0	9.9

（注）　単位：金額は百万円，比率は％である。
（出所）　キヤノン株式会社『ファクトブック2013／2014』より作成。

下したことがみられるが，図表10－3と比べても，高い水準を維持していることがわかる。

 株主価値経営から共通価値経営へ

　高度成長期・拡大経営期の日本企業は，売上高や利益額を重視した経営を行ってきた。1990年代に入り海外の機関投資家の影響力の増加によりＲＯＡやＲＯＥといった効率性を重視する経営にシフトし，株主価値経営といった概念が注目されるようになった。こうした時代は，機関投資家が期待する業績を上げる企業が資金調達に有利であるという時代であった。

　これからの共通価値経営期では，企業は業績や経営指標だけでは資金調達を

することが困難になってくる。もちろんこうした指標は重要ではあるが，それらに加えて，企業がどのようなことに取り組んでいるのかが問われる時代となってきている。

　機関投資家は，企業活動を環境（Environment），社会（Social），コーポレート・ガバナンス（Governance）という点で評価し，投資するということが行われている。これは，2006年に国連が公表した責任投資原則（ＰＲＩ：Principles for Responsible Investment）で提唱された基準である。

　企業も資金を調達するためにこうした活動を積極的にアピールすることが必要であるが，キヤノン株式会社では「キヤノン サステナビリティ レポート」を毎年発行している。同報告書では，経済・社会・環境の側面にかかわる活動を中心にまとめられている。

　こうした投資原則に賛同する日本の機関投資家は少数ではあるが，今後広まっていくものと考えられる。

【参考文献】

石崎忠司『エッセンシャル経営分析』同文舘出版，2011年。
植田和弘・國部克彦責任編集，水口剛編著『環境と金融・投資の潮流』中央経済社，2011年。
坂本恒夫・文堂弘之編著『成長戦略のための新ビジネスファイナンス』中央経済社，2007年。
坂本恒夫・松村勝弘編著『日本的財務経営』中央経済社，2009年。
森田松太郎『ビジネスゼミナール 経営分析入門［第4版］』日本経済新聞出版社，2009年。

（澤田　茂雄）

第11講 コーポレート・ガバナンスと経営分析

1. 意義と目的

意義⇒「会社とは誰のものか」という本質的な問いかけに応える
目的⇒最適なコーポレート・ガバナンスを導き出すための経営分析手法を明らかにする

2. コーポレート・ガバナンスの定義と歴史的な流れ

株式市場評価力という観点から，東京証券取引所のコーポレート・ガバナンス原則の定義
↓
「コーポレート・ガバナンスは企業統治と訳され，一般に企業活動を律する枠組みのこと」
＊日本のコーポレート・ガバナンスの歴史的な流れ

1950～1990年	1991～2007年	2008年以降
メインバンクシステムを主体とする規模拡大経営期のインサイダー型のコーポレート・ガバナンス	株主価値重視のコーポレート・ガバナンス	共通価値経営および調和（循環）型経営を創造するコーポレート・ガバナンス

3. コーポレート・ガバナンス分析の重要な要素と評価基準

Bad ←低い←取締役全体に占める社外取締役の比率ならびに独立取締役の比率→高い→Good
Bad ←無い←　　　指名委員会またはそれに代替する機関の有無　　　→有る→Good
Bad ←低い←　　　　経営者報酬制度とその透明性　　　　→高い→Good
Bad ←無い←　ＣＳＲ委員会またはコンプライアンス委員会の設置　　→有る→Good

4. 個別企業のコーポレート・ガバナンス分析

オリンパスと大王製紙⇒企業不祥事を発生させた要因をＴＤＫとの比較により分析
↓
両社に共通しているのは，インサイダー型の閉鎖的なコーポレート・ガバナンスを構築している点

5. 優れたコーポレート・ガバナンスの事例：資生堂

資生堂は，共通価値経営および調和（循環）型経営を創造するコーポレート・ガバナンスを構築

本講では株式市場評価力という観点から，コーポレート・ガバナンスを分析する手法を提示する。具体的には証券取引所および機関投資家のコーポレート・ガバナンスへの評価基準を整理することによって，ガバナンス分析手法を明らかにする。そしていくつかの日本企業にその手法を適用し，最適なコーポレート・ガバナンスを導き出す。

1 意義と目的

日本でのコーポレート・ガバナンスに関する議論は，企業不祥事が続発し，外国人投資家比率が高まった1990年代以降に活発化してきた。コーポレート・ガバナンスを分析する場合には，経営者の暴走による企業不祥事を防止する視点と経営効率を高めて競争力・収益力を向上させるという視点がある。さらにコーポレート・ガバナンスに対する分析は経営学のみならず経済学，法学においても盛んに行われており，「会社とは誰のものか」との本質的な問いかけにも応える意味で大きな意義があると考えられる。本講では株式市場評価力の観点からコーポレート・ガバナンスを経営分析の俎上にどのように載せるかということを考察しながら，最適なコーポレート・ガバナンスを導き出すための分析手法を明らかにすることが目的となる。

2 コーポレート・ガバナンスの定義と歴史的な流れ

これまでコーポレート・ガバナンスに関して多くの考え方が提唱されており，確立された定義というものは存在しない。それはコーポレート・ガバナンスをどのような観点から捉えるかということと深く関連してくるからである。

株式市場評価力の観点からのガバナンスの定義として，東京証券取引所により作成された上場会社コーポレート・ガバナンス原則は，「コーポレート・ガバナンスは企業統治と訳され，一般に企業活動を律する枠組みのことを意味する。」と説明している。

また時代によってコーポレート・ガバナンスの質に違いがみられるので，分析する際にはガバナンスやそれを取り巻く経営環境の歴史的な変遷を理解する

必要がある。1990年代半ばまで日本企業は規模拡大志向の経営が主体で，成長率を高めながら，マーケットシェアの拡大を図ることが大きな経営目標であった。その期間までの日本企業のコーポレート・ガバナンスについて山本（2012）は，「声」を挙げない機関投資家の存在，株式相互持合いによる「相互信任―相互不干渉」の制度化，経営者の内部昇進制度などによって株主主権が形骸化され，日本型ガバナンスが確立されたと説明している。つまり間接金融主体のメインバンクシステムを基盤とした，会社内外の利害関係者から構成されるインサイダー型のコーポレート・ガバナンスであったと考えられる。

そして1990年代前半から外国人投資家の日本株式市場への進出が活発化し，投資のグローバル化が顕著になり，世界的に英米基準の株主価値経営の必要性が叫ばれるようになった。その中で，重要な役割を果たしたのがカルパースで代表される年金基金などの機関投資家であり，投資先企業に対して「物言う株主」としての存在感を高めていった。経営目標として時価総額の最大化やＲＯＥ（株主資本利益率）の向上が多くの日本企業に組み込まれるようになり，2002年の商法改正で米国型システムに近似した委員会等設置会社[1]が導入された。しかしながら，米国において2001年に相次いで，主に経営トップが関与したエンロン，ワールドコムの不正会計が明るみになって，最適解と思われていた米国型のコーポレート・ガバナンスシステムに対して多くの疑問が投げかけられるようになった。

さらに決定的だったのが，2007年の米国のサブプライム問題を契機に発生した世界金融危機であり，極めて過大な報酬額をもたらす経営者報酬システムとリンクした欧米金融機関のコーポレート・ガバナンスへの批判が高まった。同時に株主価値を最も重視するという経営から，株主と株主以外のステークホルダーとの共通価値経営および環境負荷を低減させる等の社会との調和（循環）型経営[2]というコンセプトが重要視されるようになった。つまり経営目標も株主価値の最大化だけではなく，併せて社会的価値も向上させていくことが要請されるようになってきたのである。つまり，坂本（1998）がすでに論じていたように，社会的な視点も含めて，コーポレート・ガバナンスは現代の公開会社のあり方，あるいは経営行動のあり方，経営者のあり方を論じるものであると考えられる。

コーポレート・ガバナンス分析の重要な要素と評価基準

 わが国においてコーポレート・ガバナンスが注目されるようになったのは1990年代半ば以降であり，一般化されたコーポレート・ガバナンス分析はほとんどみられなかった。さらにコーポレート・ガバナンスに対しては，財務分析のような明確な数値として示される経営分析の手法というものは存在しない。そこで株式市場評価力としてコーポレート・ガバナンスを経営分析の対象にする場合には，証券取引所や機関投資家によるコーポレート・ガバナンスの評価基準が参考になると思われる。これらの評価基準を整理すると，とくに重要だと思われる要素は以下の4点であると考えられる（図表11-1参照）。

① 取締役全体に占める社外取締役の比率ならびに独立取締役の比率
② 指名委員会またはそれに代替する機関の有無
③ 経営者報酬制度とその透明性
④ ＣＳＲ委員会またはコンプライアンス委員会の設置

 株主価値重視の経営期には①から③が重要な分析要素であったが，共通価値経営および調和（循環）型経営期にはこれらに④の要素を加えた総合的な分析が重要になると考えられる。
 ①に関しては，取締役会の独立性を高めながら，経営者への監督機能を強化することと関連する。つまり取締役全体に占める社外取締役の比率が高ければ，経営者の暴走を食い止める確率が高まり，リスクマネジメントのうえでも大きなプラスの効果をもたらすと考えられる。さらに近年，取締役会の監督機能強化の観点から，社外取締役よりも独立性の高い非執行の取締役である独立取締役の設置が要請されるようになっており，海外においてそれは実質的に義務化されつつある。わが国においても東京証券取引所は，2010年より独立役員（一般株主と利益相反が生じるおそれのない社外取締役又は社外監査役）1名を届け出ることを義務付けており，2012年には独立役員の独立性に関する情報開示強化の義務を図っており，今後いっそう独立取締役の比率の重要性の方が高まることは確実である。
 ②は，社長および役員人事がお手盛りかつ密室で行われることを防ぐ仕組み

第11講 コーポレート・ガバナンスと経営分析

● 図表11-1 コーポレート・ガバナンス分析の重要な要素と評価基準

① 取締役全体に占める社外取締役の比率ならびに独立取締役の比率
①-1 社外取締役の比率

低い	中	高い
Bad		Good

①-2 独立取締役の比率

低い	中	高い
Bad		Good

② 指名委員会またはそれに代替する機関の有無 （委員のうち半数以上は社外取締役）

無い	有る
Bad	Good

③ 経営者報酬制度とその透明性
③-1 報酬委員会またはそれに代替する機関の設置の有無 （委員のうち半数以上は社外取締役）

無い	有る
Bad	Good

③-2 経営者報酬に関する情報開示の進展度

低い	高い
Bad	Good

④ CSR委員会またはコンプライアンス委員会の設置

無い	有る
Bad	Good

が構築されているかという問題と関連する。つまり，企業価値向上のための経営戦略と自社の将来の方向性の観点から，誰が経営者として適任かを，社内外の人間から候補を選び，公正かつ適正な基準で検討することである。重要なこ

とは，監査役設置会社が指名委員会またはそれに代替する機関を設置する場合には，委員のメンバーの半数以上は社外取締役で占められることが必要である。

　③は，欧米金融機関の法外で高額な報酬をもたらす経営者報酬制度が2000年代後半に発生した世界金融危機の大きな要因の一つであったことから，近年，機関投資家が注目している要素である。その具体的な中身として経営者報酬を決定する機関，経営者報酬の方針，経営者報酬制度の開示，経営者報酬システムの4点を挙げることができる。日本企業への大きな批判の一つは，欧米とは正反対で報酬制度が固定報酬主体で，経営者がリスクを負っていないことである。適正なストック・オプションならびに株式報酬等の中長期インセンティブ報酬を導入することにより，業績連動給の割合を高めて経営者に適正なリスクテイクによる企業価値向上を促し，それを実現できなかった場合には結果責任を負わせることが必要である。これらを報酬委員会またはそれに代替する機関で検討し，有価証券報告書や事業報告書等で開示することが求められる。監査役設置会社においては，②と同様に報酬委員会またはそれに代替する機関のメンバーのうち半数以上は社外取締役で占められることが必要である。

　④も昨今多くの関心を呼んでいる。現在，コーポレート・ガバナンスの評価において，社会的価値を高めることが重要な要素になっている。CSR（企業の社会的責任）は多くの要素を内包するが，ガバナンス上重要なのはコンプライアンス（法令遵守）である。一般的にコンプライアンスは，CSRの枠組みに含まれ，これはリスクマネジメントの高度化と大きく関連する。CSRあるいはコンプライアンスに関する専門部署は経営上位層の中に設置されていることが必要である。

4 個別企業のコーポレート・ガバナンス分析： オリンパス，大王製紙，TDK

　個別企業の分析として，2011年に経営トップによる企業不祥事を引き起こした2010年3月時点のオリンパスと大王製紙のコーポレート・ガバナンスを3節の手法をもとに分析した（図表11-2，図表11-3参照）。その際に，経営者報酬に関する情報開示に関しては，報酬の指針，報酬決定機関とそのプロセス，

●図表11-2　オリンパスのガバナンスレーダーチャート図

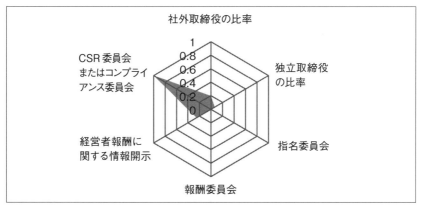

●図表11-3　大王製紙のガバナンスレーダーチャート図

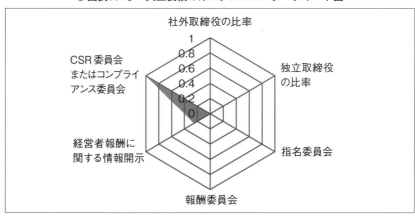

報酬算定公式，役員報酬の個別開示ごとにそれぞれ詳細に開示されている場合に0.25を付与し，合計で1とした。この分析の限界は，たとえば経営上位層のなかにCSR委員会やコンプライアンス委員会あるいはそれに相当する機関を設置していると1を与えるが，その質までは表すことはできない点にある。しかしながらガバナンスの品質を全体的な観点から，視覚に訴えるという点では有益である。そして比較対象として，市場からの評価が高い2010年3月時点のTDKのコーポレート・ガバナンスを取り上げる（図表11-4参照）。なお，

●図表11-4　ＴＤＫのガバナンスレーダーチャート図

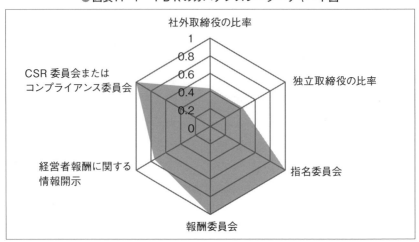

　オリンパス，大王製紙，ＴＤＫは監査役設置会社である。オリンパスと大王製紙のレーダーチャート図をみると，いずれも一方向にのみ線が広がり，面積が非常に小さく，バランスがとれていない形となっており，コーポレート・ガバナンスの質が低いことを示している。

　一方，ＴＤＫは図表11-4のようにバランスがとれた面積の大きい形となっており，コーポレート・ガバナンスの質が高い。同社は，取締役7名のうち3名が独立性の高い社外取締役であり，取締役会の議長も社外取締役である。報酬諮問委員会，指名諮問委員会を有し，いずれも社外取締役が委員長であり，経営者報酬に関する開示も詳細に行われている。さらに同社が優れている点は，企業倫理・ＣＳＲ委員会を取締役会直轄下に設置しているだけではなく，東証のコーポレート・ガバナンス報告書において，ステークホルダーの立場の尊重に係る取組状況を詳細に開示しており，これらは共通価値型経営への志向が強いことを示すものである。

　以上より，オリンパスと大王製紙のコーポレート・ガバナンスの質の低さが経営者による企業不祥事を引き起こした要因であることを導き出すことができる。具体的に両社に共通しているのは，インサイダー型の閉鎖的なコーポレート・ガバナンスを構築していたことである。

5 優れたコーポレート・ガバナンスの事例：資生堂

　優れたコーポレート・ガバナンスの事例として資生堂を挙げる。同社は，「責任体制の明確化」，「経営の透明性・健全性の強化」，「意思決定機能の強化」，「監督・監査機能の強化」の4つの観点から，コーポレート・ガバナンスの改革を実施している。ガバナンス体制とレーダーチャート図はそれぞれ図表11-5，11-6で示されるが，レーダーチャート図を分析すると，ＴＤＫ同様にバランスのとれた面積が大きい形で，ガバナンスの質が高い。同社は監査役設置会社でありながら，執行役員制度と役員報酬諮問委員会および役員指名諮問委員会を設置するハイブリッド型のガバナンスシステムとなっている。注目されるのが，9名の取締役のうち，独立性の高い社外取締役3名を除く6名の社内取締役のうち1名が資生堂以外のキャリアをもつ人材であるということである。これは経営者の暴走への抑止のみならず，取締役会に第三者からの社会の視点を入れて，ダイバーシティに対応しながら，企業価値の向上へ寄与すると考えられる。

　また経営者報酬制度の質とその開示に関しても同社は極めて優れており，2001年より役員報酬諮問委員会を設置し，委員長は社外取締役が務めている。経営者報酬に関する開示においても，報酬の指針や決定プロセスならびに報酬体系を詳細に開示しており，さらに注目すべきは，2010年に，金融庁からの義務付けである1億円以上の役員報酬の個別開示だけではなく，1億円を下回る役員の開示も自発的に行っている点である。実際に，米国の議決権行使助言大手機関であるＩＳＳ（Institutional Shareholder Services Inc.）は同社の報酬関連議案を高く評価している。

　最後に資生堂のコーポレート・ガバナンスの優位性は，経営トップ層が企業の社会的責任の重要性を認識しており，全従業員の業務にそれを落とし込んでいる点にある。コーポレート・ガバナンスの基本方針の中で同社は，「すべてのステークホルダーから「価値ある企業」として支持され続けるために，企業価値・株主価値の最大化に努めるとともに，社会的な責任を果たし，かつ持続的な成長，発展を遂げていくことが重要である」と謳っている。また，内部統

● 図表11-5　資生堂のガバナンス体制

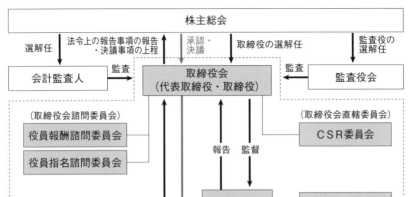

（出所）　資生堂ホームページ（2014年1月5日）。
　　　　（http://group.shiseido.co.jp/ir/account/governance/management.html）

● 図表11-6　資生堂のガバナンスレーダーチャート図

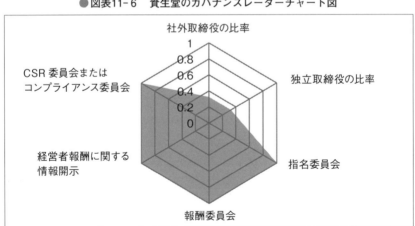

制システムの基本方針によると，ＣＳＲ委員会は取締役会直轄化にあり，「グループ全体の適法かつ公正な企業活動の推進」や「リスク対策」など，企業品質向上に向けた活動を統括し，活動計画や活動結果を取締役会に提案・報告しており，ＣＳＲを理念だけではなく，具体的な経営活動にインプットしている。以上のことより同社は，共通価値経営および社会との調和（循環）型経営を創造するコーポレート・ガバナンスを構築している点で，他の日本企業にとって大いに参考になるモデルであると考えられる。

【注】
1) 2006年5月の会社法施行により，委員会設置会社と呼称が変更された。委員会設置会社とは社外取締役を中心とした指名委員会，監査委員会，報酬委員会の3つの委員会を設置すると同時に，業務執行を担当する役員として執行役が置かれ，経営の監督機能と業務執行機能を分離した会社機構となっている。各委員会はそれぞれ取締役3名以上で構成されて，その過半数は社外取締役で構成される。
2) 詳しくは坂本（2012）の第10章と終章を参照のこと。

【参考文献】
オリンパス「有価証券報告書」各年版。
企業年金連合会「企業年金連合会　株主議決権行使基準」（2012年9月30日）
　　（http://www.pfa.or.jp/jigyo/shisan/gava_giketsuken/files/gov_20101228.pdf）。
小山明宏（2011）『経営財務論』創成社。
坂本恒夫・佐久間信夫編（1998）『企業集団支配とコーポレート・ガバナンス』文眞堂。
坂本恒夫（2012）『イギリス4大銀行の経営行動1985－2010　株主価値経営の形成・展開・崩壊』中央経済社。
資生堂「有価証券報告書」各年版。
大王製紙「有価証券報告書」各年版。
ＴＤＫ「有価証券報告書」各年版。
ＴＤＫ「東証コーポレート・ガバナンス報告書」（2012年9月30日）
　　（http://www.tdk.co.jp/ir/tdk_management_policy/governance/pdf/governance.pdf）。
東京証券取引所「上場会社コーポレート・ガバナンス原則2009年12月22日改定版」（2012年9月30日）
　　（http://www.tse.or.jp/rules/cg/principles/b7gje60000002yj4-att/governance_091222.pdf＃search＝'上場会社コーポレート・ガバナンス原則2009年12月22日改定版'）。
山本哲三（2012）「コーポレート・ガバナンスの規範分析」『早稲田商学』第431号，pp. 213-242。

　　　　　　　　　　　　　　　　　　　　　　　　　　　　（境　　睦）

第12講

PERとPBR

1. 手法の意義

- PERやPBRは将来の株価予想のための指標である。
- PER，PBRは分析対象企業の株価が相対的に割高か，割安かを判断する材料として用いることができる。
- この両指標は，財務数値と株価との関係を相対的に表す指標でもある。

2. 基本的な事項

- EPSとBPSは，1株当たりの利益と株主資本の価値を表す。
- EPSは，1株当たりの企業の配当能力を表す指標として，BPSは，企業の安全性を示す指標として使うことができる。
- EPS，BPSはともに絶対的な指標であって，相対的なものではなく，市場の評価は織り込まれていない。

3. PERとPBRの求め方

- $PER = \dfrac{1株当たりの株式時価}{EPS（1株当たりの当期純利益）}$ （倍）
- $PBR = \dfrac{1株当たりの株式時価}{BPS（1株当たりの株主資本）}$ （倍）
- PERは15～20倍，PBRは1倍が割高，割安の目安となる。
- PERは，通常15～20倍が目安で，それ以上であれば割高，それ以下であれば割安とされる。
- PBRは，1倍を下回っていれば割安とされる。

4. PER，PBRの指標としての役割

- PERやPBRはM&Aを判断するための指標である。
- 高いPERの企業は，将来性を高く評価されていることを利用して，新株発行による資金調達が容易であり，また株式交換などの手段によって自社よりも低いPERの企業を買収することも容易である。
- PBRが1倍を割りこんでいれば，割安な状況にあるとして，買収の対象にされる可能性がある。

手法の意義

　ＲＯＡやＲＯＥなどの財務指標は，企業の資本効率性や利益率を測るための指標である。これらの指標は，その企業のパフォーマンスを測る上で，伝統的に用いられる手法である。一方で，こうした指標が高いからと言って必ずしも株価が高くなるとは限らない。なぜならば，投資家はその企業の将来性や総合的な財務内容を勘案して投資しているのであって，必ずしも「高いＲＯＥ・ＲＯＡ＝高い株価」とは限らない。

　『現在ではなく，将来の企業の状況を知りたい』

　これが投資家にとっての本音であろう。ＲＯＡやＲＯＥも『企業の将来』を予測する上での一要素に過ぎない。投資家にとって，投資を行う（もしくは投資を行うことを検討している）企業の将来性を知る手段として，株価の動きを見るということが考えられる。株価は理論的には将来キャッシュフローの期待値であり，「企業の将来性」を知る上で重要な要素であるのは間違いない。

　しかしながら，投資家が常にその企業のファンダメンタルズ（財務的な諸要因）を正しく織り込んで，合理的な投資を行っているとは限らないし，企業の将来性を適正に評価できていない可能性もある。過去の株式市場においては，しばしば投資家が企業を過大評価し，バブルという状況が作り出してきた。投資家がその企業を過大評価していることもありうるし，逆に過小評価している場合もありうる。

　株価収益率（Price Earnings Ratio：以下，ＰＥＲ），株価純資産倍率（Price Book-value Ratio：以下，ＰＢＲ）は分析対象企業の株価が相対的に割高か，割安かを判断する際に用いられる指標である。また，この両指標は，財務数値と株価との関係を表すための指標でもある。ＰＥＲは株価が利益に対してどの程度の倍率なのかを表し，ＰＢＲは株価が純資産に対してどの程度の倍率なのかを表す。

2 基本的な事項

　PERとPBRを求めるためには，事前にいくつかの財務比率および株価の情報が必要となる。1株当たり当期純利益（Earnings Per Share：以下，EPS）および1株当たり純資産（Book-value Per Share：以下，BPS）について説明する。

1　EPS

　EPSとは，当期純利益を発行済株式総数で割ったものである。企業の各期の配当は，各年度の当期純利益の額に左右される所が大きい。つまり，EPSは，1株当たりの企業の配当能力を表す指標として用いることができる。ただし，稼いだ利益を必ずしも企業が配当に回すとは限らないし，企業によってはその期の当期純利益が少なかったとしても，安定的な配当を実施するために剰余金を取崩す場合もある。EPSが高いからといって，必ずしも企業が高い配当をしているとは限らない。EPSは以下の式で求める。

$$EPS = \frac{当期純利益}{期中発行済株式総数}$$

　分母となる発行済株式総数は親会社単独の数値を使う。この情報は有価証券報告書の中に記載されている。注意が必要なのは発行済株式総数の計算である。最近では資本効率化の観点から，ROEの向上を目的に企業が自己株式を購入することが多い。この計算では保有している自己株式は控除しなければならない。また年度の途中で，増資などにより株数が変化する場合もある。その場合は加重平均して期中の平均株式数を求める必要がある。

2　潜在株式調整後EPS

　もう一つ注意が必要なのは，潜在株式の存在である。潜在株式とは，普通株式を取得することができる権利や，普通株式に転換することができる権利，または契約などを指す。具体的には，ストック・オプションや転換社債型新株予

約権付社債などがこれに該当する。こうした潜在株式が存在している場合は，各々の潜在株式に係る権利行使を考慮する必要がある。これを「潜在株式調整後EPS（1株当たり当期純利益）」という。潜在株式調整後EPSは以下の式により求める。

$$潜在株式調整後EPS＝\frac{当期純利益＋当期純利益の調整額}{期中発行済株式総数＋普通株式増加数}$$

当期純利益の調整額には，権利行使された場合に生じる当期の支払利息や社債の発行差金の償却などが含まれる。また潜在株式の発生は，1株当たりの株価を下げる（希薄化）効果があるため，『希薄化後EPS（1株当たり当期純利益）』ともいう。

以上は，厳密な計算例であるが，当期純利益の調整額などの計算は自身で行うのは難しい。上場企業ではEPSだけでなく，潜在株式調整後EPSの情報も有価証券報告書の中で開示することが義務付けられている。自分で計算しなくても，こうした中から情報を入手することもできる。

③ BPS

BPSとは，株主資本を発行済株式総数で割ったものである。株主資本はその企業がどの程度の余力を持っているかを表しており，企業は自己資本が減少すると債務超過に陥り，「倒産」する可能性が高まる。BPSは以下の式により求める。

$$BPS＝\frac{株主資本}{期中発行済株式総数}$$

株主資本は自己資本とも呼ばれ，企業の資本金の純額である。株主資本は，企業の貸借対照表の「純資産の部」に記載されているので，そこから情報を入手できる。厳密には期末の株主資本ではなく，期首と期末で単純平均した値を用いるのが望ましい。分子を株主資本ではなく，純資産の合計額を使う場合や，自己資本（株主資本＋その他の包括利益累計額）を使う場合もある。どちらを使うかは分析の目的によっても異なる。なお，BPSではEPSの場合とは異

なり潜在株式の調整が行われないのが一般的である。

4 EPS，潜在株式調整後EPS，BPSに関する事例

EPS，潜在株式調整後EPS，BPSの各数値がどのような形で表示されているのかを，まず，トヨタ自動車株式会社（以下，トヨタ），日産自動車株式会社（以下，日産）の事例を通じて見てみる。

●図表12−1　トヨタのEPS，潜在株式調整後EPS，BPS

	2009年3月期	2010年3月期	2011年3月期	2012年3月期	2013年3月期
EPS	△139.13	66.79	130.17	90.21	303.82
潜在株式調整後EPS	△139.13	66.79	130.16	90.20	303.78
BPS	3,208.41	3,303.49	3,295.08	3,331.51	3,835.30

●図表12−2　日産のEPS，潜在株式調整後EPS，BPS

	2009年3月期	2010年3月期	2011年3月期	2012年3月期	2013年3月期
EPS	△57.38	10.40	76.44	81.67	81.7
潜在株式調整後EPS	－	－	－	－	－
BPS	644.60	663.90	703.16	750.77	890.73

（注1）潜在株式調整後EPSは潜在株式が存在しないため記載していない。

　図表12-1と図表12-2は，2009年3月期から2013年3月期の5年間における，トヨタと日産のEPS，潜在株式調整後EPS，BPSの値である。両社の数値を比較すると，EPSと潜在株式調整後EPSはほとんど0.01〜0.04単位のみの違いであることが分かる。EPSは分子に当期純利益を使うため，各期の利益が赤字であればマイナス（△）の値が出てしまう。EPSはマイナスの場合，意味のない指標となってしまうことに注意が必要である。EPSにおいてもBPSにおいても，トヨタは日産の数値を常に上回っている。特にBPSでは4倍以上の差をつけている。ただし，分母である発行済株式総数によって数

第12講　ＰＥＲとＰＢＲ

値は変化するので，この数値のみでトヨタが日産よりも優れていると断定することはできない。

　ＥＰＳ，潜在株式調整後ＥＰＳ，ＢＰＳは相対的な指標ではないものの，時系列で見てみることで分析企業の成長度を把握することができる。図表12-3はApple Inc.（以下，アップル）のＥＰＳ，潜在株式調整後ＥＰＳ，ＢＰＳの値である。アップルはトヨタ，日産と決算期が異なるため，6年分のデータを記載している。

　音楽プレイヤーのiPodの販売を足掛かりに飛躍したアップルは，iPhoneやiPadをはじめとする販売により，さらに売り上げを伸ばし，2012年8月21日には，時価総額は6,230億ドル（1ドル80円換算で49兆8,400億円）と，これまでの世界最高を記録した。アップルのＥＰＳ，潜在株式調整後ＥＰＳ，ＢＰＳを見ると，2008年9月期から2012年9月期に至るまで各指標の数値は伸び続けている。2012年9月期の数値は，2008年9月期との比較で見ると，ＥＰＳは6.43倍，潜在株式調整後ＥＰＳは6.51倍，ＢＰＳは5.00倍になっている。これらの数値から，トヨタ，日産と比べてアップルの成長が如何に著しいかが分かる。

●図表12-3　アップルのＥＰＳ，潜在株式調整後ＥＰＳ，ＢＰＳ

	2008年9月期	2009年9月期	2010年9月期	2011年9月期	2012年9月期	2013年9月期
ＥＰＳ	6.94	9.22	15.41	28.05	44.64	40.03
潜在株式調整後ＥＰＳ	6.78	9.08	15.15	27.68	44.15	39.75
ＢＰＳ	25.29	35.43	52.55	82.89	126.45	133.52

3　ＰＥＲとＰＢＲの求め方

　ＥＰＳ，ＢＰＳはともに絶対的な指標であって，相対的なものではない。そのため企業間の比較を行う際に使うのは難しい。また発行済株式数と利益，株主資本を割っただけで，そこに市場の評価は入っていない。本節で学ぶＰＥＲとＰＢＲは，相対的な指標でもあり，かつ市場の評価を織り込んでいる。

131

1　PERの計算方法

$$PER = \frac{1株当たりの株式時価}{EPS（1株当たりの当期純利益）}　（倍）$$

　PERは，現在の利益水準が継続したと仮定した場合の投資回収期間を表す。つまり，この比率は利益水準から見て株価が高いか，低いかを判断する指標である。PERが低い場合，投資家は，将来の利益水準が継続しないことを予想していると考えられる。一方，PERが高い場合は，投資家がこの利益水準が長期間にわたって続く，もしくはさらに利益水準が向上すると予想していると考えられる。PERがどの程度であれば高いか，低いかを判断する材料としては，その時々の市場の状況に応じて判断する必要がある。通常15～20倍程度で，15倍を下回ると割安，20倍を超えると割高と言われる。

2　PBRの計算方法

$$PBR = \frac{1株当たりの株式時価}{BPS（1株当たりの株主資本）}　（倍）$$

　PBRは，株主資本が市場価格と比べて割安か，割高かを表す。PBRが1倍を下回る場合，株主資本の帳簿価格が時価よりも下回っている（つまり，割安である）ことを意味し，買収の標的にもなりやすい。

3　PBRとPERの事例

　図表12-4と図表12-5は2009年3月期から2013年3月期までのトヨタと日産のPER，PBRの数値である。トヨタのPER，PBRを見てみると金融危機の影響を受けた2009年3月期が特に数値は低調であり，PERはマイナスで，PBRは0.97倍と割安の水準に落ち込んでいることが分かる。日産も同様の傾向がみられ，特に2009年3月期のPBRは0.54倍とかなり割安な水準になっている。両社とも他の年度においてはPBRは1倍を上回っていることから，この年度が如何に厳しい株式市場の環境であったかが窺える。

第12講　PERとPBR

　図表12-6はアップルのPERとPBRの結果である。アップルは数値からは金融危機による影響はほとんど感じられない。アップルはPERが15～20倍を超えている年度はなく，2011年9月期は15倍を割り込んでいる。アップルは市場において現在，株式時価総額において世界で一番高い企業（2013年8月末現在）であり，市場における影響度は大きい。しかしながら，意外にも株価は割高に評価されていない。2011年9月期と2013年9月期は割安となっている。一方，アップルのPBRは常に3倍の水準を上回っており，割高な数値となっている。つまりフローベース（利益ベース）で見た場合は，アップル株は平均的かつ時に割安な評価を受けているが，ストックベース（純資産ベース）で見た場合は，かなり割高な評価を受けていることが分かる。このように同じ市場評価を織り込んだ指標であっても，その評価が異なることはありうる。

●図表12-4　トヨタと日産のPER，PBR

	2009年3月期	2010年3月期	2011年3月期	2012年3月期	2013年3月期
PER	△22.43	56.07	25.74	39.57	16.00
PBR	0.97	1.13	1.02	1.07	1.27

●図表12-5　日産のPER，PBR

	2009年3月期	2010年3月期	2011年3月期	2012年3月期	2013年3月期
PER	△6.10	77.02	9.65	10.79	50.67
PBR	0.54	1.21	1.05	1.17	1.02

●図表12-6　アップルのPER，PBR

	2008年9月期	2009年9月期	2010年9月期	2011年9月期	2012年9月期	2013年9月期
PER	16.30	19.85	18.22	13.40	15.11	12.10
PBR	4.37	5.09	5.25	4.47	5.28	3.63

PER，PBRの指標としての役割

　企業経営を，規模拡大経営期（1950-1990年），株主価値経営期（1990-2007年），調和型・共通価値経営期（2008年以降）と分けるならば，PERやPBRは，まさに株主価値経営の中心的な指標であり，M&Aの意思決定に影響を与える指標でもあった。

　高いPERの企業は，将来性を高く評価されていることを利用して，新株発行による市場から資金調達が容易であり，また株式交換などの手段によって自社よりも低いPERの企業を買収することが容易になる。一方，PBRが1倍を割りこんでいれば買収の対象になりかねない。そのため，PER，PBRともに企業は高い数値を維持しなければならない。

　1980年代（規模拡大経営期）に，アメリカでは機関投資家がTOBやLBOなどの手段により買収攻勢を仕掛けるにしたがい，各企業は自己防衛のために高株価経営に傾斜していった。PERやPBRはその企業の割安，割高を示す指標であり，被買収対象企業の意思決定に用いられた。それが一層拡大したのが，株主価値経営期（1990-2007年）である。企業が株価を上昇させ，財務テクニックを駆使することで高いPER，PBRを実現し，M&Aを積極的に仕掛けていくようになった。その手法の影響は我が国にも及んでおり，例えば，ライブドアは度重なるM&Aと株式分割などの手法を駆使して，2004年4月に同社が行った公募増資時では，PBRで23倍，PERで200倍近くもの高値に及んでいたことで知られる[1]。

　リーマンショック後（調和型・共通価値経営期）においてもPERやPBRが自社の株価を相対的に測定するための有力な指標であり，M&A案件を判断する上でも役立てられることには変わりない。しかしながら，株価が過大に評価される状況ではないことを考えれば，以前のように意図的に高いPERやPBRの状況を作り出すことは困難である。つまり，企業戦略の一環として行う正常なM&Aのために，被買収企業のPERやPBRを意思決定として用いることになろう。ただし，再び，株価が過大に評価されるようになれば，株主経営期にみられたような状況に陥る可能性もある。その際にもPERやPBR

は，M＆Aの意思決定における割安，割高を示す指標として積極的に使われることになるであろう。

【注】
1) 詳細については川北英隆「ライブドアの情報と株価」『ニッセイ基礎研所報』第53号，1－24ページを参照されたい。

【参考文献】
川北英隆「ライブドアの情報と株価」『ニッセイ基礎研所報』第53号，1－24ページ。

（上野　雄史）

第13講

EVA® による企業評価

1．本講の意義・目的と概要

- EVA®（Economic Value Added）は経済的利益の一種
  　EVA®＝NOPAT－資本コスト率×期首投下資本
- 戦略的に意味のある調整項目
- 財務会計上の利益でもキャッシュフローでもない新しい企業の評価指標
- 理論上は企業価値も表現

2．NOPATと投下資本の算定要素について

- 事業利益と調整前投下資本
- 3つの標準的な調整項目…オペレーティング・リース調整
  　　　　　　　　　　　　研究開発費の資本化
  　　　　　　　　　　　　貸倒引当金（キャッシュ調整）

3．資本コスト率の算定方法

- 加重平均資本コスト率（WACC）％ $= \dfrac{支払利息（1－税率）株主資本コスト率×株式時価総額}{有利子負債＋株式時価総額} \times 100$
- 株式時価総額と有利子負債
- 株主資本コスト率…CAPM，リスクフリーレート，β値

4．事例研究　－東　芝－

- EVA® の計算に必要な諸項目
- NOPATと投下資本の計算式
- オペレーティング・リース，研究開発費，貸倒引当金
- WACCの算定
- EVA® の計算

本講の意義・目的と概要

ＥＶＡ®とは，Economic Value Added の略であり，日本語では経済的付加価値と訳す。それは経済的利益の一種である。経済的利益とは，企業を財務的に評価する指標として財務会計上の利益やフリーキャッシュフローの欠点を補うべく発展してきた利益概念である。経済的利益は少なくとも次の２つの条件を満たすものと解釈される（平岡〔2010〕）。

① ある期間に企業が創造した価値を測定した値であること。
② 会計帳簿に記録された費用と資本の機会コスト（つまり株主資本コスト）の両方を収益から控除した値であること。

ＥＶＡ®は，経済的利益のなかでもとくに，それを構成する資本コスト控除前の利益，資本コスト率，投下資本の３つの要素に特異性がみられる。資本コスト控除前の利益としては，ＮＯＰＡＴ（Net Operating Profits After Taxes）という概念が用いられ，日本語に訳すと税引後営業利益ということになるが，これは，たんに財務会計上の営業利益に（１－法人税等の率）を乗じた数値を意味するものでない。戦略的に意味のある諸々の調整計算を必要とする。資本コスト率は負債金利と株主資本コストを加重平均した率となるが，ＥＶＡ®の特異性は，株主資本コストの算定にＣＡＰＭ（Capital Assets Pricing Model）と呼ばれるモデルを用いている点にある。また，投下資本もＮＯＰＡＴと対応させて諸々の調整計算が行われる。このようにＥＶＡ®は，戦略的に意味をもつ調整が施された，財務会計上の利益でもキャッシュフローでもない，その双方の利点を取り入れた比較的新しい企業の評価指標であるといえよう。それは，次式で算定され，理論的にはＥＶＡ®で企業価値も表現できる。

$$ＥＶＡ® ＝ ＮＯＰＡＴ － 資本コスト率 \times 期首投下資本$$

$$現時点の企業価値 ＝ 現時点の投下資本 + \sum_{i=1}^{\infty} \frac{EVA_i}{(1+資本コスト率)^i}$$

EVA_iは，i年後のＥＶＡ®を示す。

NOPATと投下資本の算定要素について

　EVA®の構成要素であるNOPATと投下資本の調整計算前のベースは，財務諸表の数値から計算できる次の項目と定める。

　　事業利益＝営業利益＋受取利息・配当金
　　調整前投下資本＝総資産－無利子流動負債

　EVA®はスターン スチュワート社の登録商標であり，NOPATや投下資本の調整計算の過程で，当社がコンサルティングをするクライアントの会社には，カスタマイズされた調整項目が提示される。そのうち，ここでは次の3つの標準的な調整項目について説明する。

① 　オペレーティング・リース調整
② 　研究開発費の資本化
③ 　貸倒引当金

　まず，①のオペーレーティング・リースは，現行の会計制度では，リース料のみが費用計上される賃貸借取引が採用されているが，これをオンバランス（つまり貸借対照表に計上）する。それに伴って投下資本も増加させる。そして，この増加分にも資本コスト率が乗じられてEVA®の計算過程で後に資本コスト額が控除されるので，二度引きにならないように，NOPATの計算過程でオンバランスされたリース資本化額の利子を先に足し戻す。

　次の②は，将来に向けての戦略的投資の意味合いが強い研究開発費の資本化である。わが国の会計制度では，研究開発費は支出年度に一括費用処理されているので，これを5年の有効期間があるとみなして，5分の1だけを当期の費用とし，残りを資本化するため資産に計上する。よって，研究開発費の5分の4だけ，NOPATの計算過程で足し戻し，同額を投下資本の計算過程に算入させる。

　最後の③は，貸倒引当金のキャッシュ調整であるといってよい。貸倒引当金の増加額をNOPATに足し戻し，貸倒引当金の残高を投下資本に足し戻す。

　その他の重要な調整項目の一つとして，たとえば，のれん償却の足し戻しが

あるが，米国の会計基準や国際会計基準を採用している場合，のれんは償却しないため，この処理は必要とされない（のれんの減損処理はリストラ費用としていったん資本化してから段階的に費用処理する調整項目もＥＶＡ®論者は提唱しているが，煩雑さを伴うため，ここでは省略する）。

3 資本コスト率の算定方法

3つ目のＥＶＡ®の構成要素は資本コスト率である。これは次式により，加重平均資本コスト率（Weighted Average Cost of Capital：以下，ＷＡＣＣと略す）として求められる。税率は，法人税等の率を用いる。

$$WACC（\%）=\frac{支払利息（1-税率）+株主資本コスト率\times 株式時価総額}{有利子負債+株式時価総額}\times 100$$

支払利息には社債利息を含み，有利子負債と株式時価総額は期首と期末の平均を用いる。株主資本コスト率は，1節でも述べたように，ＣＡＰＭを用いるのがＥＶＡ®の特徴でもある。ＣＡＰＭによる株主資本コスト率は，次式で求められる。

$$株主資本コスト率＝リスクフリーレート＋\beta \times リスクプレミアム$$

この式のリスクフリーレートとは，債務不履行のリスクをもたない証券のリターンと同類のものを意味するが，実質的には完全にリスクフリーとなる証券を探すのは困難なので，わが国の実務では中期や長期の国債の利子率で代用することが多い。リスクプレミアムは，市場ポートフォリオの期待収益率とリスクフリーレートとの差を示す。市場ポートフォリオの期待収益率とは，株主が市場全体に対して平均的に期待する利回りを示し，証券市場によってその水準は異なるが，わが国の場合は，東証株価指数（ＴＯＰＩＸ）や日経平均株価などを参考にして決定される。よって，同じ証券市場で取引を行っている企業群の同一期間の株主資本コストを算定するとき，リスクフリーレートとリスクプレミアムは全社に共通の率を用いることができる。結局，各企業に固有の値はβだけとなる。

βとは，市場ポートフォリオの期待収益率と分析対象企業の株価収益率との共分散を市場ポートフォリオの期待収益率の分散で割った値である。実務的には，市場ポートフォリオの期待収益率の代用としてＴＯＰＩＸなどの変化率，分析対象企業の株価収益率の代用として株価の変化率の過去十数か月の指標を入手し，前者を説明変数，後者を被説明変数とした単回帰線の傾きを推定すると，それがβとなる。β＞1ならば，その企業の株価収益率のばらつきは，市場全体の平均的な株価収益率のそれよりも高く，高リスクであることを示すため，株主資本コスト率はそれだけ高くなる。1＞β＞0ならば，その企業の株価収益率のばらつきは，市場全体の平均的な株価収益率のそれより低く，低リスクであることを示すため，株主資本コスト率はそれだけ低くなる。βが1に等しい企業は，その株価収益率が，市場全体の株価収益率と同じ変動を示しているといえる。

事例研究 －東　芝－

　ここでは，東芝の連結財務諸表や株価などのデータを用い，3節で述べた3つの項目のみの調整計算をした場合のＥＶＡ®を算定してみる。まず，調整計算後のＮＯＰＡＴと投下資本を図表13-1の（注）のように定義する。

　諸々の計算に必要なデータの一覧は図表13-1のとおりである。法人税等の率には，標準実効税率の40.7％を用いる。無利子流動負債は，ここでは仕入債務である。

　リース資本化額については，東芝の有価証券報告書における連結財務諸表の注記のオフバランス・リース情報のうち，オンバランスに必要な情報が開示されている解約不能なオペレーティング・リースのみをリース資本化額の対象とする。期首投下資本に算入されるリース資本化額の計算に必要な情報は，次のとおりである。

　2011年3月31日現在における将来の最低リース料支払額：
　　2011年度：71,426百万円
　　2012年度：53,275百万円
　　2013年度：20,557百万円

● 図表13−1　東芝のEVA®計算に必要な諸項目

（単位：百万円）

貸借対照表項目ほか	2011年度末	2010年度末
総　資　産	5,731,246	5,379,319
無利子流動負債	1,293,028	1,194,229
有利子流動負債	326,141	311,767
有利子固定負債	1,056,884	967,085
貸倒引当金	19,651	17,079
株　価　（終　値）	364円	407円
発行済株式総数	4,237.6百万株	4,237.6百万株
損益計算書項目	2011年度（2011年4月〜2012年3月）	
営　業　利　益	206,649	
受取利息・配当金	10,684	
支　払　利　息	31,815	

（注）　NOPAT＝事業利益×（1−法人税等の率）＋リース資本化額の利子
　　　　　＋研究開発費の資本化額＋貸倒引当金増加額
　　　投下資本＝調整前投下資本＋リース資本化額＋研究開発費の資本化額＋貸倒引当金

2014年度：5,703百万円

2015年度：5,027百万円

2016年度以降：21,190百万円

オペレーティング・リースの金利情報が開示されていないので，3％と仮定してリース資本化額を計算すると，次のとおりである（単位：百万円）。ここでは，2016年度以降の額は2017年度にまとめて支払うものと仮定する。

$$\text{リース資本化額} = \frac{71,426}{(1+0.03)^1} + \frac{53,275}{(1+0.03)^2} + \frac{20,557}{(1+0.03)^3}$$
$$+ \frac{5,703}{(1+0.03)^4} + \frac{5,027}{(1+0.03)^5} + \frac{21,190}{(1+0.03)^6}$$
$$\fallingdotseq 69,346 + 50,217 + 18,813 + 5,067 + 4,336 + 17,746$$
$$= 165,525$$

リース資本化額の利子＝165,525×3％≒4,966

リース資本化額が投下資本の,リース資本化額の利子がNOPATの算定過程で加算される。

次に,2010年度の研究開発費について,2011年度の期首に資本化されるため資産に計上される金額は次のように計算される(単位:百万円)。同額がNOPATと投下資本の算定過程で加算される。

研究開発費の資本化額 = 319,693 × 4 年 ÷ 5 年 ≒ 255,754

2011年度における期首と期末の貸倒引当金残高については,次のとおりである。

2011年度期首貸倒引当金残高:17,079百万円
2011年度期末貸倒引当金残高:19,651百万円

よって,貸倒引当金増加額(単位:百万円)は,

貸倒引当金増加額 = 19,651 - 17,079 = 2,572

となり,貸倒引当金増加額がNOPATの算定過程で足し戻され,2011年度期首貸倒引当金残高が投下資本の算定過程で足し戻される。

以上の結果に基づき,2011年度のNOPATと期首投下資本を計算すると,次のとおりである。

NOPAT = (206,649 + 10,684) × (1 - 0.407) + 4,966 + 255,754 + 2,572
 ≒ 392,170
投下資本 = 5,379,319 - 1,194,229 + 165,525 + 255,754 + 17,079 ≒ 4,623,448

続いて,WACCを求める。株主資本コスト率を計算するためにはβの算定が必要である。ここでは,図表13-2に示すとおり,2011年3月末から遡って13か月分のTOPIXと東芝の株価(月末終値)を用いて12か月分の変化率を

求め，EXCELのSLOPE関数を用いて，βの推定を行った。

●図表13－2　βの算定に必要なTOPIXと株価に関するデータ

年・月	(a) TOPIX	(b) 東芝の株価	(a) 変化率	(b) 変化率
2011.3	869.38	407		
4	851.85	427	−2.0%	4.9%
5	838.48	430	−1.6%	0.7%
6	849.22	422	1.3%	−1.9%
7	841.37	400	−0.9%	−5.2%
8	770.6	331	−8.4%	−17.3%
9	761.17	320	−1.2%	−3.3%
10	764.06	349	0.4%	9.1%
11	728.46	347	−4.7%	−0.6%
12	728.61	315	0.0%	−9.2%
2012.1	755.27	329	3.7%	4.4%
2	835.96	351	10.7%	6.7%
3	854.35	364	2.2%	3.7%

その結果，βはおよそ1.0と計算された。市場が期待する平均収益率にTOPIXの実績値をそのまま用いるとマイナスとなってしまうので，2011年3月のTOPIX 869.38が一年間で973.71まで上昇してほしかったと市場が期待していたと仮定した場合，

　　市場が期待する平均収益率＝（973.71－869.38）÷869.38×100≒12％

となり，また，現在リスクフリーレートを1％（同時期の10年物国債の平均利回り）と仮定すると，

　　株主資本コスト率＝1％＋1.0×（12％－1％）＝12％

また，WACCの計算に必要な有利子負債と株式時価総額のデータは，

2011年度有利子負債の期首・期末平均（単位：百万円）
　$= (311,767 + 967,085 + 326,141 + 1,056,884) \div 2 = 1,330,938.5$

2011年度株式時価総額の期首・期末平均（単位：百万円）
　$= (364円 + 407円) \times 4,237.6百万株 \div 2 = 1,633,594.8$

となるので，

$$\mathrm{WACC} = \frac{31,815 \times (1 - 0.407) + 0.12 \times 1,633,594.8}{1,330,938.5 + 1,633,594.8} \times 100 \fallingdotseq 7.2\%$$

これらにより，EVA® を計算すると，

$$\mathrm{EVA}® = 392,170 - 4,623,448 \times 7.2\% \fallingdotseq 59,282$$

となり，東芝は株主が期待する価値を生み出していることになる。

　もし，市場が期待する平均収益率が15％となったら，WACCは約8.9％となり，この場合，EVA® は赤字でおよそ△19,317百万円となり，東芝は株主が期待する価値を生み出していないことになる。

5　指標の時代的位置づけ

　EVA® そのものは，1990年代からの株主価値経営期に普及した指標であるが，その特徴は1890年代から続いている経済的利益の一種であり，その進化形である。類似指標である残余利益は1960年代に管理会計目的のために事業部の評価指標として用いられ，現代でも，わが国においては，パナソニックをはじめとする多くの企業で事業の業績評価指標として用いられている。拡大経営期は，残余利益額の増加のための積極的な投資に見合ったリターン額の増加で業績が評価されるが，株主価値経営期は，EVA® により資本市場の評価も加味

した資本効率が問われるようになった。そして，調和型・共通価値経営期において，財務的指標のＥＶＡ®活用の在り方は，たとえば本講であげた総合電機グループの場合は，社会インフラ事業や医療分野などで，社会的課題を解決することと本業とが結びついて長期的に安定した利益を獲得できているかどうかを見ることであろう。つまり，社会的価値を創造していることが株主価値の創造と両立されているかを示す長期的な指標としてのＥＶＡ®を志向しなければならないということである。

【参考文献】

平岡秀福『現代の会計と財務諸表分析〔基礎と展開〕』創成社，2005年。
平岡秀福『企業と事業の財務的評価に関する研究―経済的利益とキャッシュフロー，セグメント情報を中心に―』創成社，2010年。
門田安弘編著『管理会計レクチャー〔基礎編〕』税務経理協会，2008年。
Stewart, G. B. III. (1991). *The Quest for Value : The EVA™ Management Guide,* Harper Business.
Young, S. D. and O'Byrne, S. F. (2001). *EVA® and Value-Based Management : Practical Guide to Implementation,* McGraw-Hill.Q

（平岡　秀福）

第14講

キャッシュフローと経営分析

1．本講の目的
- キャッシュフロー情報の有用性とその利用方法について検討する。
- 具体的に見ていくのは次の2つ。
  (1) キャッシュフロー計算書にどのような役割が期待されていたか。
  (2) 国際会計基準によってキャッシュフロー計算書はどう変わるか。

2．キャッシュフロー計算書導入の背景と国際会計基準による変化
- 導入当初は利益情報の補完的な役割が期待され，間接法で作成されていた。
- 国際会計基準により今後直接法が主流になるとみられるが，利益情報の補完的な役割が依然として残る可能性が高い。

3．経営分析全体の中でのキャッシュフロー計算書の位置付け
- 主たる機能は，持続可能性や支払能力の評価のための情報を示すこと。
- 持続可能性や支払能力を評価するには，収入・支出と収益・費用を対比しながら見ていくことが必要である。

4．分析事例
- キャッシュフロー計算書を使った日本航空（JAL）の支払能力評価の事例を取り上げる。
- ここで見ているのは次の2つ。
  (1) キャッシュフロー情報を使ってJALの破綻を予測することができたか。
  (2) 存続している全日空（ANA）との違いを読み取ることができたか。
- 損益計算書と組み合わせて見ていくことで，JALの支払能力は正しく評価できる。

第14講 キャッシュフローと経営分析

1 目的と意義

　本講では，キャッシュフロー情報の有用性とその利用方法について検討する。キャッシュフロー情報は，キャッシュフロー計算書を通じて提供されるものであるから，キャッシュフロー計算書をいくつかの面から眺めることを通してこのような点の検討を試みる。

　具体的には次の二つの点について検討する。一つ目は経営分析を行うためのツールの一つであるキャッシュフロー計算書がどのようなもので，経営分析の分析者からどのような役割が期待され，どのように利用されてきたかを検討する。二つ目は国際財務報告基準（IFRS）との関連においてキャッシュフロー計算書の表示形式も変化することが予想されているが，こうした変化がキャッシュフロー計算書の役割，キャッシュフロー計算書への期待をどのように変化させていくのかについて検討し，加えてキャッシュフロー計算書自体の在り方について考えてみる。

　一つ目の検討事項については，キャッシュフロー計算書導入の経緯，キャッシュフロー計算書の表示区分と作成方法を確認した後，現在の日本の上場企業のキャッシュフロー計算書の状況に触れ，キャッシュフロー計算書の役割について利用者と提供者の立場から考察する。導入の経緯については，日本よりも早くキャッシュフロー計算書を制度化した米国の例を示し，日本との差異について見ていく。二つ目の検討事項については，今後の日本の会計制度に大きな影響を及ぼすと考えられる国際財務報告基準のキャッシュフロー計算書に関する考え方に触れ，日本においてそれが導入された際の影響などについて考察する。最後に経営におけるキャッシュフロー計算書の位置づけとキャッシュフロー情報の有用性について検討し，キャッシュフロー計算書の利用方法を示した事例を示す。

　これらの点は，直接法，間接法といったキャッシュフロー計算書の作成方法と関連付けてみていくことが重要だと考えられる。それは，作成方法の選択がキャッシュフロー計算書の役割と密接にかかわっていると考えられるからである。さらに，作成方法の選択は，キャッシュフロー計算書の利用方法，キャッ

シュフロー情報の有用性といった点との関連を持っていると考えられる。したがって，ここでは，以上のような点をキャッシュフロー計算書の作成方法と関連付けて検討している。

2 分析と検討

ここでは，まず日本におけるキャッシュフロー計算書導入の背景および米国における状況，さらには日本の上場会社のキャッシュフロー計算書の作成状況を概観した後，キャッシュフロー計算書に期待されている役割について考察する。考察は，利用者と作成両方の立場から行ってみたい。次に国際財務報告基準におけるキャッシュフロー計算書の扱いについて概観し，キャッシュフロー計算書に期待される役割の変化，キャッシュフロー計算書の利用方法についての考え方を検討してみたい。

1 キャッシュフロー計算書の導入の背景

2000年3月期以降，それまで単独決算中心であった日本における財務諸表開示が連結決算中心に移行し，同時にそれまで単独決算について任意開示の書類として開示されてきた資金収支表に代わりキャッシュフロー計算書が基本財務諸表として作成を義務付けられ，監査対象書類にもなった。

キャッシュフロー計算書の作成が義務付けられるようになった背景としては，損益計算書に示される利益に対する不信感が増したことが挙げられる。「キャッシュは事実であり，利益は意見である」と言われているように利益には経営者の恣意性が反映されるため，客観性に欠けており，キャッシュフロー情報と比べて信頼性が低いのでキャッシュフロー情報により利益の質を確認する必要がある，という考え方がキャッシュフロー計算書の基本財務諸表化の裏にあったと考えられる。すなわち，日本においてキャッシュフロー計算書が導入された背景には，操作しにくいとされるキャッシュフロー情報に対して利益に代わる業績指標としての役割あるいは損益計算書に示されている利益の補完情報としての役割が期待されていたと考えられる。

米国では日本よりも13年早く1987年に作成が義務付けられているが，米国の

場合においても情報の利用者である金融機関は直接法を支持し、作成者側は間接法を支持した。米国においては財務会計基準審議会（ＦＡＳＢ）が1987年に財務会計基準書（ＳＦＡＳ）第95号によりキャッシュフロー計算書を制度化するが、そこにおいては直接法の採用が奨励されている。ただし、直接法を採用する場合には利益と営業活動からのキャッシュフローの調整表の作成が義務付けられている。このように見かけ上は直接法支持のほうが優勢と考えられるが、米国においても実務的にはキャッシュフロー計算書は間接法で作成するのが主流となっている[1]。すなわち、米国では、利用者側は直接法、作成者側は間接法を支持し、実態としては間接法による作成が主流を占めているわけで、日本における状況もこれと似通ったものと考えられる。

しかしながら、オーストラリア、ニュージーランドのようにキャッシュフロー計算書を直接法で作成することを強制適用している国も存在している[2]。理由としては、「貸借対照表や損益計算書などでは提供されていない情報が利用可能となり、将来キャッシュフローの予測により有用な基礎情報を提供する[3]」というものであるという。ここでも利用者はキャッシュフロー計算書を直接法により作成することを望んでいるとされており、これらの国においては利用者側の考え方が実務に反映されている。米国や日本におけるのと異なる状況になっている国も存在している。

② キャッシュフロー計算書の資金区分と作成方法

キャッシュフロー計算書は、営業活動からのキャッシュフロー、投資活動からのキャッシュフロー、財務活動からのキャッシュフローの３つに区分して表示される。営業活動からのキャッシュフローは営業活動に係る収支を、投資活動からのキャッシュフローは投資活動に係る収支を、財務活動からのキャッシュフローは社外からの資金調達に係る収支を示している。営業活動からのキャッシュフローはこの３つの資金区分を通して、最下部に示されているように現金預金あるいは現金同等物の増減を示す表である。現金預金の増減理由を３つの区分に分類して表示する。これによって営業活動に係る収支を把握することができるのである。

キャッシュフロー計算書の作成方法については、直接法と間接法が認められ

ている。直接法と間接法の違いは営業活動からのキャッシュフローの部分の表示にある。すなわち，営業活動からのキャッシュフローの部分を収入と支出のように総額で表示するのが直接法であり，営業活動からのキャッシュフローの部分を収入と支出の差額である収支，すなわち純額で表示するのが間接法である。間接法のキャッシュフロー計算書では，収支が利益，減価償却費といった損益計算書項目と売上債権の増減，棚卸資産の増減，仕入債務の増減といった貸借対照表項目からの計算項目によって示される。投資活動からのキャッシュフロー，財務活動からのキャッシュフローについては直接法で作成した場合も間接法で作成した場合も基本的には差異はない。

営業活動からのキャッシュフローは，発生ベースで示された損益計算書の収益・費用を現金ベースで示したものということができる。それゆえこの部分を損益計算書や貸借対照表の営業関連資産，負債として示された値と関連付けてみることができる。そのように利用する際には，損益計算書や貸借対照表の項目名を用いて表示される間接法のキャッシュフロー計算書のほうが利用しやすいと考えられているのである。

3 キャッシュフロー計算書に期待される役割

日本の上場会社に関してみると，ほぼ100％の会社が間接法によりキャッシュフロー計算書を作成している。2011年度における日本の上場会社約3,500社のうち直接法によりキャッシュフロー計算書を作成している企業は7社である。有価証券報告書提出会社まで範囲を広げてもキャッシュフロー計算書を直接法で作成している会社は9社しかない（図表14-1）[4]。

間接法のほうが容易に作成できる，間接法のほうが低コストで作成できるなどの理由から間接法が選択されていると言われている[5]。

日本企業はキャッシュフロー計算書が制度化される以前から任意開示ではあるが資金収支表を作成して開示してきた経緯を考えると，コストに関する問題がキャッシュフロー計算書を直接法で作成することについて大きな障害になるとは考えにくい。ただこの点に関しては，資金収支表が単独決算について作成されているのに対して，キャッシュフロー計算書が連結決算について作成されているという違いがあり，この違いがコストの問題を生じさせていると考えら

●図表14−1　キャッシュフロー計算書を直接法で作成している会社

	証券コード	会社名	決算期
1	1734	（株）北弘電社	2012年3月期
2	4291	（株）JIEC	2012年3月期
3	4762	（株）エックスネット	2012年3月期
4	7578	（株）ニチリョク	2012年3月期
5	7638	（株）シーマ	2012年3月期
6	7883	サンメッセ（株）	2012年3月期
7	9720	（株）ホテル，ニューグランド	2011年11月期
8	非上場	（株）アップ	2012年3月期
9	非上場	（株）日貿信	2012年3月期

れる。そうだとすれば，キャッシュフロー計算書は基本財務諸表に加えられたものの，財務諸表を作成するシステムには完全には組み込まれていないということになる。そのために，キャッシュフロー計算書が間接法で作成されているとすると，「キャッシュフロー計算書は貸借対照表と損益計算書の従属的な位置づけに甘んじている」という指摘は妥当と考えるべきかもしれない[6]。

　実務的にはキャッシュフロー計算書は間接法で作成されている。このことは，キャッシュフロー計算書に対して損益計算書に示されている利益の質を確認するための情報としての役割が期待されていると考えるのが合理的である。

　一方国際財務報告基準は，キャッシュフロー計算書の作成方法に関して2008年10月のディスカッション・ペーパーで直接法が望ましいとし，2010年7月のスタッフ・ドラフトでは直接法の強制適用を示している。このことから今後キャッシュフロー計算書が直接法で作成されることになる可能性が高いと考えられる。しかし，国際財務報告基準は営業活動からのキャッシュフローから営業利益への調整表の作成を義務付けており，キャッシュフロー計算書そのものは直接法で作成せよといっている一方で，損益計算書の利益との関連付けができるようにせよと言っているのである[7]。

　国際財務報告基準は，これまで優勢と考えられていたが実務では完全には実現されることの無かったキャッシュフロー計算書を直接法により作成する方法

を支持する立場を採っている。実務においてキャッシュフロー計算書を間接法で作成する企業が多い日本に導入された場合の影響は大きいと見られる。また，このことはキャッシュフロー計算書に期待される役割の変化としてみることもできよう。

3 経営全体の中での位置付けと評価

　本来的にはキャッシュフロー計算書は企業の持続可能性の評価に用いるものである。収益や費用が発生主義で測定されるものであるため，現金主義により収入，支出の実態を把握したうえで持続可能性を評価することになる。ところが，実態をみるとキャッシュフロー計算書は損益計算書に代わる業績指標，利益の裏づけを確認するための情報として利用されている。

　直接法によるキャッシュフロー計算書の作成，表示は，一方で貸借対照表や損益計算書とキャッシュフロー計算書との関係を希薄化させる。これは，間接法では税引前当期純利益，減価償却費，売上債権の減少，仕入債務の増加といった貸借対照表や損益計算書の項目名の入った項目が用いられているが，直接法では収入や支出といったキャッシュフロー計算書固有の項目名が用いられるためである。他方，収益や費用といった発生主義で示された項目が，対応する収入や支出といった現金主義の項目として示されるので，総額での対応関係は把握しやすくなる。さらに，収入や支出のように総額で表示されていると，単純に利益と営業活動からのキャッシュフローの差額を見るのではなく，そのような差額がどのような理由によって生じたものであるか，すなわち差額の発生プロセスの部分から把握することが可能になるのである。

　ヒース（Loyd C. Heath）が「利益は，貨幣単位で測定された財産の変動であって［決して］お金ではない[8]」と言っているように損益計算書に示されている利益とキャッシュフロー計算書に示されている営業活動からのキャッシュフローとはまったく異なるものである。ところが，間接法のキャッシュフロー計算書では両者は関連のあるものとして扱われており，これがためにキャッシュフロー計算書の役割が本来と異なるものとして理解されてきたように思う。

　キャッシュフロー計算書本来の役割は，ヒースの言う「必要な支払をまかな

うため，適切な額の現金を獲得する能力」の評価である。損益計算書とキャッシュフロー計算書は，原因と結果の関係にある。すなわち，損益計算書は原因であってその結果がキャッシュフロー計算書に示される。収入は収益を原因として発生し，支出は費用を原因として発生するものである。その意味では，持続可能性の評価においては，キャッシュフロー計算書に示された結果を損益計算書に示された原因との整合性を確認したうえで評価することが必要になる。そのような用法のためには，キャッシュフロー計算書は直接法で作成されている必要がある。キャッシュフロー計算書は直接法で作成されるようになるとキャッシュフロー計算書が本来の役割で利用される可能性が高い。

事　例
－キャッシュフロー計算書を用いた日本航空の支払能力評価－

　今回，事例としては日本航空を取り上げる。日本航空は（以下ＪＡＬと略す）は，2010年1月19日に東京地裁に会社更生法を申請して破綻した。負債総額は2兆3千億円余りであって，金融機関を除くと戦後最大の規模であった。その後2011年3月28日に東京地裁から更生手続き完了の決定を受けたと発表し，裁判所の管理下を離れている。会社更生法の申請から約1年2か月での更生完了であった。さらに，2012年9月19日に東京証券取引所第1部に上場を果たしている。

　キャッシュフロー計算書が企業の持続可能性について示すものであるならば，ＪＡＬの場合においてもキャッシュフロー計算書から破綻の可能性を読みとることができると考えられる。ＪＡＬの破綻を取り上げた研究などにおいて，ＪＡＬの財務諸表などから破綻の兆候を読み取る試みが行われているが，指摘されている問題点は損益計算書，貸借対照表に関わる部分がほとんどであって，キャッシュフロー計算書に表れた問題点についてはほとんど指摘されていない9)。ここでは，キャッシュフロー計算書を使ったＪＡＬの支払能力評価を行い，キャッシュフロー計算書によって破綻の兆候を読み取ることができるかどうかについて検討したい。

1 営業活動からのキャッシュフローなどの状況から評価すると

　ＪＡＬ，と全日本空輸（以下ＡＮＡと略す）のキャッシュフロー計算書に示された営業活動からのキャッシュフロー，小計，税金等調整前当期純利益は図表14-2のように推移している。

●図表14-2　ＪＡＬ，ＡＮＡの営業活動からのキャッシュフロー等の推移
（単位：百万円）

	ＡＮＡ			ＪＡＬ		
	営業活動からのキャッシュフロー	小　計	税金等調整前当期純利益	営業活動からのキャッシュフロー	小　計	税金等調整前当期純利益
2003／3	85,952	101,510	-54,821	131,783	160,276	10,527
2004／3	89,793	86,108	35,221	30,951	55,396	-82,969
2005／3	149,070	151,945	45,679	68,322	87,430	73,709
2006／3	128,525	195,884	52,433	41,756	62,006	-46,175
2007／3	158,714	191,908	51,064	102,449	116,205	44,563
2008／3	165,765	183,472	115,224	147,134	166,757	22,322
2009／3	-39,783	92,747	-4,445	27,788	21,811	-62,447

　この数値から両社の支払能力を評価してみると，次のようになる。まず，ＪＡＬの2009年3月期の数値をみると，税金等調整前当期純利益が624億円を超える大幅なマイナスになったものの，営業活動からのキャッシュフロー，小計はプラスになっており支払能力は問題なしと評価できる。次にＡＮＡの2009年3月期の数値をみると，税金等調整前当期純利益と営業活動からのキャッシュフローがマイナスの数値になっており支払能力にはやや問題があったと評価しなければならない。しかし，小計がプラスであるので支払能力が失われているという状況ではないと評価できる。すなわち，2009年3月期のキャッシュフロー計算書による支払能力の評価ではＪＡＬの方がＡＮＡよりも優れているということになる。しかし，ＪＡＬは2010年1月に破綻し，ＡＮＡはその後も存続している。

次に少し細かく見るためにＪＡＬの半期ベースの数値を追いかけてみると，営業活動からのキャッシュフロー，小計などは図表14-3に示したように推移している。

●図表14-3　ＪＡＬの半期ごとの営業活動からのキャッシュフロー等の推移

(単位：百万円)

	累　計			半　期		
	営業活動からのキャッシュフロー	小　計	税金等調整前当期純利益	営業活動からのキャッシュフロー	小　計	税金等調整前当期純利益
2007／9	103,390	113,356	23,537	103,390	113,356	23,537
2008／3	147,134	166,757	22,322	43,744	53,401	-1,215
2008／9	89,008	75,137	44,742	89,008	75,137	44,742
2009／3	27,788	21,811	-62,447	-61,220	-53,326	-107,189
2009／9	-41,908	-34,673	-126,567	-41,908	-34,673	-126,567

　ＪＡＬの営業活動からのキャッシュフロー，小計はともに2008年度まではプラスだが，2009年度の上半期はマイナスに転落している。上期と下期に分けてみると2008年度下期からマイナスの値になっている。このことから，2008年度下期以降ＪＡＬの支払能力には問題があったことが分かる。ＪＡＬは2010年1月に破綻するが，その1年以上前には破綻の兆候がキャッシュフロー計算書に表れていたということができる。しかし，この見方には，次に示すような問題が残されている。

　ＡＮＡについても同様の見方を適用してみると，ＪＡＬとの差が見出せないのである。ＡＮＡは上場企業であるから営業活動からのキャッシュフローなどを四半期ベースで見ることができる。ＡＮＡの2008年度以降の営業活動からのキャッシュフローなどは図表14-4に示したように推移している。

● 図表14−4　ＡＮＡの四半期ごとの営業活動からのキャッシュフロー等の推移

(単位：百万円)

	累　計			四半期		
	営業活動からのキャッシュフロー	小　計	税金等調整前当期純利益	営業活動からのキャッシュフロー	小　計	税金等調整前当期純利益
2008／6	−38,848	42,862	11,988	−38,848	42,862	11,988
2008／9	26,483	110,780	38,715	65,331	67,918	26,727
2008／12	−1,422	125,504	19,477	−27,905	14,724	−19,238
2009／3	−39,783	92,747	−4,445	−38,361	−32,757	−23,922
2009／6	−8,538	−3,155	−48,052	−8,538	−3,155	−48,052
2009／9	71,342	40,002	−41,450	79,880	43,157	6,602
2009／12	83,055	55,749	−58,014	11,713	15,747	−16,564

　これをみると2008年度第１四半期から2009年度第２四半期に至る１年強の期間において支払能力に問題があったことになる。それにもかかわらず，ＡＮＡはその後も存続している。したがって，営業活動からのキャッシュフローや小計がマイナスであることが破綻の兆候であるとは言えないことになる。さらに，これらのことから支払能力に問題があるという判断を行うことも難しいと言わなければならない。

　以上見てきたとおり，キャッシュフロー計算書に示された数値だけから評価すると，ＪＡＬの支払能力に問題があった可能性は読み取ることができるが，破綻してしまったＪＡＬと存続しているＡＮＡとの違いについてはうまく説明が付かない。キャッシュフロー計算書は支払能力を評価するための情報を提供していると考えられるが，キャッシュフロー計算書に表れた数値をそのまま利用したのでは，その判別能力は十分ではないと考えられる。

② 損益計算書などを合わせ用いた支払能力分析と評価[10]

　以上見てきたように，営業活動からのキャッシュフローなどキャッシュフロー計算書に示された数値をそのまま使っただけでは，企業の支払能力，言い換えると持続可能性について正しい評価はできないと考えられる。では，どの

ようにすれば，キャッシュフロー計算書に示された数値を補完して支払能力を評価することができるのだろうか。

　キャッシュフロー計算書は現金および現金同等物の増減理由をいくつかの資金区分に分けて示したものであって，その中の一つが営業活動からのキャッシュフローすなわち営業活動にかかわる収支である。営業活動からのキャッシュフローは営業活動における収入と支出の差分を示したものであるが，ＪＡＬの2009年3月期の営業活動からのキャッシュフローの中でプラスの大きな値となっているものが，減価償却費と売上債権の減少額（キャッシュフロー計算書上は受取手形及び営業未収入金の増減額（△は増加））である。減価償却費は，2008年3月期から大きな変化はないが，売上債権の減少額は大幅に増加しており，これが営業活動からのキャッシュフローの大きな部分を占めている。2009年3月期のＪＡＬの営業活動からのキャッシュフローを見ていく上では，この部分に注目してみていく必要がありそうだ。そこで，売上債権の減少額の要因分析を行ったのが，図表14-5である。

●図表14-5　ＪＡＬとＡＮＡの2009年3月期における営業未収入金の増減理由分析

(単位：百万円)

JAL	営業活動からのキャッシュフロー	小計	税金等調整前当期純利益	売上債権減少	営業未収入金の減少内訳		
					①	②	③
2008／3	147,134	166,757	22,322	9,215	17,971	−9,407	651
2009／3	27,788	21,811	−62,447	68,416	46,303	27,343	−5,231
ANA	営業活動からのキャッシュフロー	小計	税金等調整前当期純利益	売上債権減少	営業未収入金の減少内訳		
					①	②	③
2008／3	165,765	183,472	115,224	997	847	152	−1
2009／3	−39,783	92,747	−4,445	29,024	22,923	7,568	−1,467

（注）①回収期間の短縮による部分，②月商の変化による部分，③回収期間と月商両方による部分。

　このような考え方のもと，売上債権減少額を分析してみると，売上債権減少684億円のうち463億円が回収期間の早期化により生み出されたものであること

が分かる。この値は小計の値を上回っているので、この期のJALの小計は回収期間の早期化のおかげでプラスになっているが、実質的にはマイナスであったと考えられる。営業活動からのキャッシュフローもほとんどゼロに近い値で、支払能力は十分ではなかったと評価しなければならない。一方、ANAにも回収期間の早期化は見られるものの、その影響を差し引いても小計はプラスの値であって、支払能力には問題が無かったと評価できる。

３ まとめ

　以上みてきたように、キャッシュフロー計算書上の数値だけからは、2009年3月期におけるJALとANAの支払能力に差が見出せなかったが、損益計算書の値と組み合わせた分析数値で評価すると、JALの2009年3月期における支払能力は不十分、ANAの支払能力には問題がなかった両者の差を明確に確認できた。この意味において、JALの破綻の兆候は、キャッシュフロー計算書から読み取ることが可能だったと考えられる。ただ、それは、キャッシュフロー計算書上の値に加え、他の財務諸表と組み合わせた分析が必要であった。キャッシュフロー計算書は事実を示しているが、それはやりくりを加味した結果の事実であって、やりくりの部分を調整した上で、利用しなければ正しい評価はできないのである。

【注】
1) 児島 [2012]
2) 町田 [2010]、児島 [2012]
3) 児島 [2012]
4) 古山 [2010]、児島 [2012] などを参考にした。
5) 上野 [2001]、鎌田 [1999] に述べられている。
6) 上野 [2001] では、「間接法によるキャッシュ・フロー計算書では、純利益や減価償却費などの非現金項目が現金の源泉であるかのように扱われているが、純利益や減価償却費などの非現金項目は現金の源泉ではなく、これは利用者を混乱させる考え方である。」と述べられている。また、「ヒースは、間接法は致命的である。利益および減価償却費が現金の源泉であるという信じられない考え方を強いることによって利用者を混乱させている、と言っている。[Heath, 1981, p.170]」とヒースも同じ立場を採っていたとしている。
7) 遠藤 [2009]、児島 [2012]
8) 鎌田 [1982]

9) 安達［2010］,熊谷［2010］,ＪＡＬ［2010］,畠山［2010］などがＪＡＬの倒産理由について分析している。
10) ここでの評価方法は,森脇［2002］,古山［2004］に詳しく説明されている。

【参考文献】

安達［2010］：安達巧「ＪＡＬ会計監査人の監査判断について」,『尾道大学経済情報論集』10（2）,尾道大学,2010年12月。

上野［2001］：上野清貴『キャッシュ・フロー会計論―会計の論理統合―』創成社,2001年3月。

遠藤［2009］：遠藤秀紀「キャッシュ・フロー計算書の再検討―直接法の適用に向けて―」,『東海学園大学研究紀要』第14号（シリーズＡ）,東海学園大学,2009年3月。

遠藤［2010a］：遠藤秀紀「ＩＦＲＳ導入の基本的課題に関する多面的課題」,『国際会計研究学会年報』2010年度。

遠藤［2010b］：遠藤秀紀「財務諸表表示目的とキャッシュ・フロー計算書」,『東海学園大学研究紀要』第15号（シリーズＡ）,東海学園大学,2010年3月。

熊谷［2010］：熊谷重勝「日本航空の経営破綻と清算貸借対照表」,『立教経済学研究』64（2）,立教大学,2010年10月。

鎌田,藤田［1982］：鎌田信夫,藤田幸男共訳,ロイド・Ｃ・ヒース著『財務報告と支払能力の評価』国元書房,1982年11月。

鎌田［1999］：鎌田信夫『キャッシュフロー会計』税務経理協会,1999年。

鎌田［2006］：鎌田信夫『キャッシュ・フロー会計の原理［新版第2版］』税務経理協会,2006年7月。

倉田［2002］：倉田三郎「資金計算書分析に関する一考察」,『尾道大学経済情報論集』2（2）,尾道大学,2002年12月。

児島［2012］：児島幸治「キャッシュ・フロー情報の表示法を巡る論点」,『国際学研究』1,関西学院大学,2012年3月。

佐藤靖［2008］：佐藤靖「キャッシュ・フロー構成比分解分析の論理と実践：直接法情報の有効活用に向けて」,『商学論集』福島大学経済学会,2008年3月。

永田［2004］：永田 靖『第三の財務表としてのキャッシュ・フロー計算書：直接法と間接法をめぐる内部矛盾』広島大学マネジメント研究,広島大学,2004年3月。

ＪＡＬ［2010］：株式会社日本航空コンプライアンス調査委員会著『調査報告書（要旨）』2010年8月26日。

畠山［2010］：畠山肇（国土交通省調査室）「ＪＡＬの再生問題」,『立法と調査』2010年2月 No.301。

古山［2004］：古山徹『支払能力の測定と評価 建設業の場合』創成社,2004年4月。

古山［2010］：古山徹「キャッシュフローだけでは倒産の前兆が見えない―キャッシュ・フロー計算書を用いた支払い能力の評価方法について」,『ＴＳＲ情報』2010夏季特集号,東京商工リサーチ,2010年8月。

町田［2010］：町田耕一「直接法によるキャッシュフロー計算書」,国士舘大学政経論叢,国士舘大学政経学会,2010年3月。

森脇［2002］：森脇彬『資金と支払い能力の分析［四訂版］』税務経理協会,2002年8月。

渡邉［2002］：渡邉泉「運転資本変動計算書からキャッシュ・フロー計算書へ」,『大阪経大論集』第53巻第3号，大阪経済大学，2002年9月。

（古山　徹）

第15講

ベンチャー・ビジネスと経営分析

1．ベンチャー・ビジネスの意義

「ベンチャー・ビジネス」とは，起業家（Entrepreneur）によって設立され，運営されている企業を表す言葉である。ベンチャー・ビジネスは，時期や経済状況により，様々に定義されている。

2．ベンチャー・ビジネスの財務的特徴

ベンチャー・ビジネスの資金調達は，成長段階によって様々な手段が考えられる。その成長段階は，以下の5つの段階に分けられる。第1段階は，創業（シーズステージ・スタートアップステージ），第2段階は事業化（アーリーステージ），第3段階は成長初期（エクスパンション），第4段階は後期（レイターステージ），そして第5段階は株式公開（IPOs）である。

3．新規株式公開（Internal Public Offerings：IPOs）

(1) IPOsの意義
　ベンチャー・ビジネスは，発展するにつれて様々なExit（出口：整理・清算，ライセンシング・ビジネス，M&A，IPOs）を検討する必要が生じてくる。
　ベンチャー・ビジネスの成功と考えられるExitは，新規株式公開（Initial Public Offerings：IPOs）である。

(2) 公開価格
・未公開企業（新規株式公開企業）を評価する場合，マーケットを持たないため時価を計算できず，正確な評価をすることが困難となる場合も多い。
・新規株式公開時の企業価値評価手法
　① 割引配当モデル（Discounted Dividend Model：DDM）
　② 株価倍率評価モデル（Valuation using Price Multiples Model）
　③ 割引キャッシュフローモデル（Discounted Cash Flow Model：DCFM）

(3) アンダープライシング（Underpricing）
・新規株式公開時の公開価格の過少値付けを言う。
・公開株を保有している企業やＶＣは，株式公開（新規株式公開時の公開価格と初値との差）によって高い初期収益率をあげることができるが，それは言い換えると公開時の価格を過小評価していると考えられる。

4．事　例－（株）タイセイ

1998年2月に設立（本社：大分県津久見市），2005年に福岡証券取引所 Q－Board 上場
初期収益率：110.0％
参考値：ＪＡＳＤＡＱ平均107.8％，マザーズ平均166.9％，ヘラクレス等平均200.4％（38社）

ベンチャー・ビジネスの意義

　「ベンチャー・ビジネス」とは，起業家（Entrepreneur）によって設立され，運営されている企業を表す言葉である。このベンチャー・ビジネスは和製英語[1]であり，米国では通常，Startup Business（設立後間もない企業），Emerging Business（生まれつつあるビジネス），Entrepreneurial Venture 等と呼ばれている。ベンチャー・ビジネスは，時期や経済状況により，様々に定義されている。[2]

　文部科学省は平成14年版の「科学技術白書」のなかで，ベンチャー・ビジネスを「成長志向の強い経営者によって率いられ，リスクに対して果敢な比較的若く独立した企業で，独自の製品や技術・ノウハウなどの独創性や新規性を持ち，イノベーションを可能とするのに必要な経営資源を具備した将来的に高い成長を期待できる企業」と定義している。[3]

　ＩＭＤ（International Institute for Management Development）が毎年発表するWorld Competitiveness Yearbook において，日本の国際競争力は，1993年1位であったが，2011年59か国中26位となり，現在でも低迷している。その低迷の原因の1つは，アントレプレナーシップ（起業家精神）の低さ（最下位）にあると考えられる。[4]

　1990年代以降に設立されたアメリカの企業は，グーグル，アマゾン，イーベイであり，今1万人以上の従業員を抱える大企業に成長している。一方日本ではソフトバンクや楽天があるものの数社であり，当該企業でさえもまだ小規模の雇用しか創出していない。さらに今日，労働力人口の高齢化により，労働力人口比率が相対的に低い高齢者層の人口が増え，労働力人口を減らしている。特に，団塊の世代が60歳に到達した2007年以降，年齢構成変化要因のマイナスの寄与が大きくなっている。このように，総人口が減少局面に入り，しかも少子高齢化が今後も進行していくなど，労働力供給が制約されるなかで，経済社会を支える労働力の確保は，ますます重要な課題となっている。[5]

　今後これら労働力の需要と供給のミスマッチを解決するためには，産業構造を労働生産性の高い構造へ変化させる必要がある。雇用の創出と産業構造の変

第15講　ベンチャー・ビジネスと経営分析

化を行うためには，1990年以降アメリカが行い成功したように，ベンチャー・ビジネスへより多くの支援を行う必要がある。

2　ベンチャー・ビジネスの財務的特徴

　リスクの高い事業に挑戦するベンチャー・ビジネスにとって，創業段階や成長段階における資金調達は困難であることが多い。特に，ベンチャー・ビジネスの多くは，特段の資産を有しておらず担保能力に限界があること，元本返済や利子の支払いに充てる原資となる売上げが十分にないこと，売上げがあると仮定しても成長するための資金をできるだけ留保しておく必要があること等から，間接金融による資金調達には限界があり，投資等の直接金融によるリスクマネーの調達がどれだけ可能であるかが，初期の成長の鍵を握っている。[6]

　こうした財務的特徴を踏まえると，一般的な経営分析指標を用いた分析は適切とは言えない。ベンチャー・ビジネスの経営分析を行うべき局面は，ファイナンスの局面，つまり所要資金を調達しようという局面である。

　ベンチャー・ビジネスの資金調達は，成長段階によって様々な手段が考えられる。その成長段階は，以下の5つの段階に分けられる。第1段階は，創業（シーズステージ・スタートアップステージ），第2段階は事業化（アーリーステージ），第3段階は成長初期（エクスパンション，ミドルステージ），第4段階は後期（レイターステージ），そして第5段階は株式公開（IPOs）である。[7]

1　第1段階　創業（シーズステージ・スタートアップステージ）

　第1段階における資金調達は，自己資金[8]，エンジェル投資，そして国や地方自治体の補助金の3つの手段が用いられる。

　エンジェル投資とは，創業して間もない企業に資金を提供することであり，それを行う投資家のことをエンジェル投資家という。エンジェル投資を促進するために，1997年度にエンジェル税制が初めて導入された。しかし，この税制利用の状況が低調であったため，2008年度にエンジェル税制が改正され，所得税優遇措置制度が整備された。

補助金とは，支援の対象となる事業に対して政府や自治体などが，直接資金を供給するといった，最もポピュラーな支援政策の形態である。返済の義務がないため，起業家にとっては非常に魅力的な資金調達方法である。

② 第2段階　事業化（アーリーステージ）

事業化段階ではこれらに加えてベンチャーキャピタルや事業会社による投資，政府系金融機関などによる制度金融，信用保証協会による信用保証，リースなどが用いられる。

ベンチャーキャピタルによる出資は，事業化や成長初期，後期において有効な資金調達手法である。ベンチャーキャピタルは，出資の回収のために出資先企業のＩＰＯｓを最終目標とする場合が多いため，将来上場を視野に入れるほどの成長が見込まれるベンチャー・ビジネスでなければ，ベンチャーキャピタルからの資金調達は困難である。

制度金融とは，日本政策金融公庫や商工中金などの政府系金融機関や自治体，独立行政法人などからの貸付のことである。リースは，設備投資資金の確保に有効な手段であり，工場設備導入などについてリース契約することで，将来得られるであろう利益を用いて設備費用を支払うことができる。

2013年度ベンチャーキャピタル等投資動向調査結果によると，ベンチャーキャピタル（ＶＣ）等によるベンチャー企業への投資額は，2012年4月から2013年3月末までに，1,026億円，投資先数は824社であった。2011年度に比べると投資額（投融資額）は17.3％の減少，投資先数19.0％の減少となった。2006年度（投融資額　2,790億円），2007年度（1,933億円），そして2008年度（1,366億円）と3年連続で投融資額が減少し，リーマンショックの翌年度の2009年度には1,000億円を割り込んで875億円にまで落ち込んだ。その後2010年度以降2011年度まで緩やかな回復をしてきたが，2012年度は再び減少した。[9]

日本において，ＶＣがベンチャー・ビジネスの事業段階や成長初期段階における資金調達に与える影響は大きい。ベンチャー・ビジネスが経済成長の原動力として機能しているアメリカ等と比較すると，図表15-2のように，ＧＤＰ比でのＶＣ投資額は，アメリカから大きく離され，他の国と比較しても低い値となっている。

第15講　ベンチャー・ビジネスと経営分析

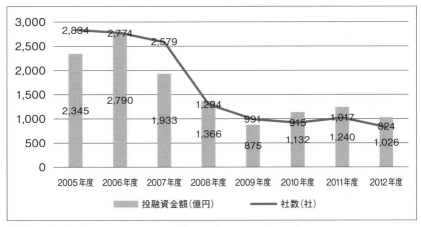

●図表15-1　VCによるベンチャー・ビジネスへの投資額

資料：一般財団法人ベンチャー エタプライズセンター（2014）

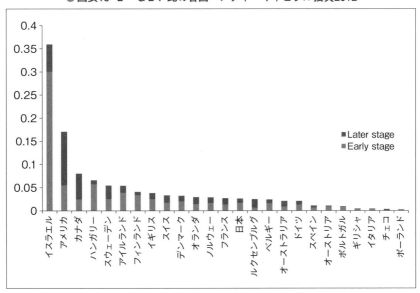

●図表15-2　GDP比の各国ベンチャーキャピタル投資2012

資料：OECD（2013）

③　第3段階　成長初期（エクスパンション，ミドルステージ）

　成長初期の段階になると，自己資金やエンジェル投資に代わって銀行融資が新たに用いられる。後期や株式公開の段階になると制度金融や信用保証が用いられることが少なくなる。銀行の融資は，事業化に成功し，成長段階に入った企業にとっては一般的な資金調達手法である。出資と比較すると，融資の場合は，経営権への関与は少なく，自由度の高い経営が可能である。

④　第4段階　後期（レイターステージ），そして第5段階　株式公開（IPOs）

　ベンチャー・ビジネスの成長段階での資金調達は，株式発行によるエクイティファイナンスが基本であるため，ベンチャー・ビジネスの経営分析・事業評価の終着点は株価の評価ということになる。

　2012年度におけるベンチャーキャピタル投資のステージ別動向を金額で見てみると，シードとアーリーが57.8％に達し，昨年の44.3％から大幅に増加している。今後ベンチャーキャピタル投資の中心は，シードとアーリーステージになっていると考えられる。

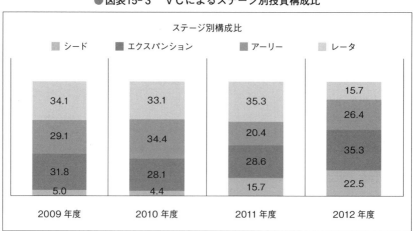

●図表15-3　VCによるステージ別投資構成比

資料：一般財団法人ベンチャー　エタプライズセンター（2013，2012）

第1段階では，当該ベンチャー・ビジネスと投資家側との個別交渉により株価や資金調達額，増資後の持分シェアの算定が行われる。この段階においても事業の評価は行われるものの，成長ステージが若いほど不確実な要素が多いため事業の評価が困難になる。実際，この段階では，事業の評価から株価を算定するよりは，必要な資金調達額と出資者間で許容できる持分シェアを個別交渉しながら株価が決められるというが現実である。したがって，ベンチャー・ビジネスの経営分析と事業評価が必要となるのは，ＩＰＯsを中心としたExitの段階である。ベンチャー・ビジネスは，発展するにつれて様々なExit（出口）を検討する必要が生じてくる。そのExitとは，整理・清算，ライセンシング・ビジネス，Ｍ＆Ａ，そしてＩＰＯsといわれている。整理・清算とは，アメリカのベンチャーキャピタル（Venture Capital：ＶＣ）の融資期間は，長くても5年といわれている。[10] これまでに何らかの成果を出さないと，ＶＣは資金を回収する。資金をＶＣに依存しているベンチャー・ビジネスは，整理・清算を行うこととなる。ライセンシング・ビジネスとは，ベンチャー・ビジネスが有している特許発明を実施する権利（実施権）を第三者へ供与することにより，ロイヤルティーを得るビジネスである。実施権者はライセンスを取得することにより，特許侵害による損害賠償請求の心配することなく発明を製品化でき，自ら開発する時間とコストを節約することができる。

　ベンチャー・ビジネスにとっても，またＶＣにとっても，資金回収の意味でＩＰＯsと同様にＭ＆Ａが重要な意味がある。大手企業がベンチャー・ビジネスの一部または全部を買収することは，ライセンシング・ビジネスと同様に時間とコストを節約できる。アメリカにおいてはＩＰＯsと同様な一般的なExitとして盛んに行われているが，日本においては，まだ数少ない。

　次節でＩＰＯs段階での事業評価，株価の算定についてみる。

3　新規株式公開（Initial Public Offerings：ＩＰＯs）

1　ＩＰＯsの意義

　ベンチャー・ビジネスの成功と考えられるExitは，ＩＰＯsである。アメ

リカをはじめ多くの国で直接金融のひとつの手段として，ＩＰＯｓが行われている。日本においても多くの会社が株式公開し，市場から直接に資金調達をしようとしている。その理由として，株式公開による初期収益率[11]が通常の株式収益率に比べ高い収益率をあげているという点があげられる。

② 公開価格

　上場済みの企業を評価する際，われわれはマーケットで決定される株式時価をもとに，比較的容易に評価を下すことができる。しかしながら，未公開企業を評価する場合，マーケットを持たないため時価を計算できず，もし取引実績より時価が存在したとしても，売買当事者の固有の事情を強く反映するため，客観性の乏しいものが多い。そのため，正確な評価をすることが困難となる場合も多いと考えられる。ここに，新規株式公開時の企業価値を評価する難しさがある。企業価値を評価する際，多くの手法を用いて企業を評価しているが，ここでは企業評価に最も用いられる①割引配当モデル（Discounted Dividend Model：ＤＤＭ），②株価倍率評価モデル（Valuation using Price Multiples Model）そして③割引キャッシュフローモデル（Discounted Cashflow Model：ＤＣＦＭ）を用いて，未公開株式の評価方法を検討する。[12]

1　割引配当モデル（Discounted Dividend Model：ＤＤＭ）

　株主はキャッシュ支払いを配当の形で企業から受け取るので，彼らの株式資本の価値は，将来の配当の現在価値である。つまり，以下のように考えることができる。

$$\text{株主資本の価値} = \frac{\text{1期目配当}}{(1+r_e)} + \frac{\text{2期目配当}}{(1+r_e)^2} + \frac{\text{3期目配当}}{(1+r_e)^3} + \cdots$$

r_e：株式資本コスト

　この式は，割引配当モデル（Discounted Dividend Model：以下，ＤＤＭ）として知られている。またこの式は，企業が永遠に存続することを前提としている。

もし，企業が一定の配当成長率（g）を無限に維持するなら，その価値は以下のように書ける。

$$株主資本の価値 = \frac{配当}{r_e + g}$$

通常，無限期間の配当を予測することは実務上困難なため，過去5年から10年の配当実績の平均値を用いる。

　ＪＡＳＤＡＱの2001年－2010年9月における新規上場企業の498社の内，上場時に無配の会社は16.5％（82社／498社）であり，上場前期に無配の会社や両期とも無配の会社も数多くみられる。上場前期のみ無配当，または上場時にのみ無配，そして両期にわたって無配の企業も将来は配当を行うかもしれない。しかしながら上場の時点でこれを推定することは，かなり困難であると考えられる。また，ゴーイングコンサーンを前提にしたＤＤＭを用いて新規公開企業の株式を評価することは，1株当たり配当額が同じ企業を同じ株式評価にすることであり，会社規模や売上高等を考慮に入れていないこととなる。以上のことにより，ＤＤＭによる新規公開株式の評価は困難と考えられる。

2　株価倍率評価モデル（Valuation using Price Multiples Model）

　株価倍率評価モデルは，他の評価方法とは異なり，比較的簡単なため，企業評価によく利用される。しかしながら，これから新規株式公開をしようとしている企業と比較できる企業を探すのは困難であり，また同じ産業に属する企業同士であっても，成長率や収益性が異なるため，比較が難しい。

　ここでは，株価倍率評価モデルの簡易方式といわれる国税庁『財産評価基本通達』による評価方法を示す。

　国税庁方式による評価方式は，原則的評価方法（類似業種比準価額方式・純資産価額方式・併用方式）が用いられる。原則的評価方式は，評価する株式を発行した会社を従業員数，総資産価額及び売上高により大会社，中会社又は小会社のいずれかに区分して，評価を行う。大会社は，類似業種比準価額方式を用い，中会社では，類似業種比準価額方式と純資産価額方式との併用方式を用

いる。小会社では，純資産価額方式を用いて算定する。純資産価額方式とは，会社の資産（相続税評価額）から負債（相続税評価額）及び，評価差額に対する法人税額等相当額を控除して評価額を求める方式である。

また，類似業種比準法は，次式である。

$$A' = A \times \frac{\dfrac{B'}{B} + \dfrac{C'}{C} + \dfrac{D'}{D}}{3} \times L$$

  A：類似業種株価
  B：類似業種1株当たり配当金額
  C：類似業種1株当たり利益金額
  D：類似業種1株当たり純資産価額
  A'：評価対象会社1株当たり株価
  B'：評価対象会社1株当たり配当金額
  C'：評価対象会社1株当たり利益金額
  D'：評価対象会社1株当たり純資産価額
  L：0.5～0.7　会社の規模により，大会社は0.7，中会社は0.6 そして小会社は0.5

3　割引キャッシュフローモデル（Discounted Cash Flow Model：ＤＣＦＭ）

割引キャッシュフローモデルとは，将来獲得するであろうキャッシュフローを資本コストで現在価値に還元して算出するものである。ただし，株主に帰属するフリー・キャッシュフローは次のように書くことができる。[13]

  配当＝株主に帰属するフリー・キャッシュフロー
   ＝NI－ΔBVA＋ΔBVND
  NI：純利益
  ΔBVA：正味営業資産の簿価の変化（運転資本の変化＋資本支出－減価償却費）
  ΔBVND：正味負債（有利子負債－余剰現金）

ＤＤＭは以下のように書き換えられる。

$$株主資本の価値 = \frac{NI_1 - \Delta BVA_1 + \Delta BVND_1}{(1+r_e)} + \frac{NI_2 - \Delta BVA_2 + \Delta BVND_2}{(1+r_e)^2}$$

$$+ \frac{NI_3 - \Delta BVA_3 + \Delta BVND_3}{(1+r_e)^3} + \cdots$$

r_e：株式資本コスト

しかし，創業して間もない企業の将来のフリーキャッシュフローを予測することは不可能に近く，また予想する資料となるデータも十分とはいえないため，この方法は新規公開の株式評価には不向きと考えられる。

③ アンダープライシング

企業が株式公開し，市場から直接に資金調達をしようとする理由は，株式公開による高い初期収益率をあげることができる。高い初期収益率は，言い換えれば，新規株式公開時の公開価格の過少値付け（Underpricing：アンダープライシング）を意味している。ＩＰＯｓの初期収益率が異常に高いのは，引受業者－日本においては引受主幹事を務める証券会社を意味する－あるいは公開企業が，何らかの理由で，公開価格を低く設定していることを意味している。

このようなアンダープライシングの現象は，日本やアメリカ等の先進諸国だけではなく，様々な国においても見られる。市場が効率的で関係者が同一の情報を持ち，取引コストが存在しないとする新古典派的ファイナンス理論において，この新規公開価格と初値は，均衡価格になるはずである。この意味では，新規株式公開時の公開価格と初値との差を意味するアンダープライシングを説明するのは難しい問題である。

この現象に対し，様々な観点から説明が行われている。[14]

情報の非対称性仮説は，投資家によって売買されるＩＰＯｓ後の株式価格が，本質的な価値として価格決定されていないことに重点が置かれている。

ＩＰＯｓの関係者は，発行企業，アンダーライターである証券会社（日本においては，引き受け主幹事は証券会社が行っている），企業に投資を行うベン

チャーキャピタルや銀行，そして株式を購入する投資家である。アンダープライシングに対する情報の非対称仮説は，これら利害関係者が他の利害関係者よりも，より多くの情報を知っていることを仮定している。

図表15-4は，2001年－2011年新規上場企業数の推移を示している。

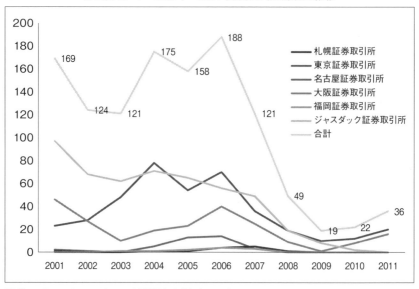

●図表15-4　2001年－2011年新規上場企業数の推移

資料：ディスクロージャー実務研究会編（2012）

2007年のサブプライムローン（アメリカの低所得者向けの信用力が低い住宅融資）問題に端を発した米国バブル崩壊は，2008年9月15日（月）リーマン・ブラザーズが連邦破産法第11章の適用を連邦裁判所に申請するに至り，世界的な金融危機へと連鎖していった。2007年6月日経平均株価終値18,138円が，2009年2月には，7,568円まで下落した。[15]

このような状況から，新規株式公開社数は，2000年－2007年までは120社を超えて推移していたものの，2008年に49社，2009年19社へと大きく減少した。しかし，2011年には36社と，2010年の22社に比べ，14社増加した。

第15講　ベンチャー・ビジネスと経営分析

2011年における新規上場企業の36社の概要は以下の通りである。

● 図表15－5　2011年新規上場企業の概要

	ＪＡＳＤＡＱ[16]	マザーズ
上場までの経過年数	18.1（11.8）年	11.8（7.6）年
社長の年令	53.4（52.11）才	44.4（47.0）才
売上高	9,452百万円（6,579百万円）	2,111百万円（1,417百万円）
経常利益	371百万円（419百万円）	215百万円（188百万円）
当期純利益	115百万円（201百万円）	154百万円（187百万円）
資本金	947百万円（202百万円）	455百万円（138百万円）
総資産	5,605百万円（4,256百万円）	1,647百万円（1,506百万円）
純資産	2,341百万円（2,027百万円）	997百万円（753百万円）
上場時調達額	612百万円（428百万円）	1,007百万円（327百万円）
初期収益率	－5.9（－3.2）％	74.1（81.8）％

資料：ディスクロージャー実務研究会編（2012）
左：平均値，（　）：中央値

 事　例－（株）タイセイ

1　会社概要

（株）タイセイは1998年2月に設立され，2005年に福岡証券取引所 Q-Board 上場を果たした大分県津久見市に本社を置くベンチャー・ビジネスである。当該企業は，当初鮮度保持剤の販売を目的にして設立されたが，2000年5月に，市場規模の成長性を見込んで菓子資材の袋・シール・容器等の販売に進出し，2001年4月には，約1,000アイテムの商品を揃えた食品資材の本格的なカタログを整備し，洋菓子販売店をターゲットとして，業務用食品包装資材をＢ２Ｂ（企業間取引）通信販売方式での販売を開始した。　また2003年10月，和菓子店向けカタログの制作に続けて，2004年1月にパン・ベーカリー向けのカタログを制作し，同資材の販売に参入した。　さらに2004年10月には，総合カタロ

グを制作し，取扱商品数は3,000品目まで拡大し，2009年2月には，15,000品目まで取扱商品を拡大している。2012年には，総合カタログを3年ぶりに改訂し，2012年9月現在，新規登録顧客数が，約33,902件に達している。

当該企業のビジネスモデルの特長は，ユーザーニーズに合わせた商品のカタログを作成し，ダイレクトメールを通じて全国のユーザーに紹介，インターネットまたは電話，ファクシミリを経由して注文を受け，自社所有の商品センターにおいてピッキング（仕分け）作業を効率的に行うことにより，注文を受けた商品を「小ロット」，「低価格」，「短納期」で提供できることにある。[17]

② 福岡証券取引所Q-Boardと東京証券取引所マザーズへのIPOs

当該企業は，2005年2月福証Q-Boardに上場した。IPOsを行った一番の理由は，通信販売事業を全国で行い，取引先から信用を得るためには，公開企業となって信用力を高める必要があり，また事業の成長のためには，資金調達手法の多様性を確保しておく必要があったためである。[18] また，2013年9月17日には東京証券取引所マザーズへの上場を果たした。

ここでは，2005年に福証Q-Board上場した際の（株）タイセイの概要と各証券取引所の新規上場企業のそれとを比較する。[19]

（株）タイセイの初期収益率は，110.0％（公開価格120,000円，初値252,000円）で，JASDAQ平均107.8％（中位値80.0％　65社），マザーズ平均166.9％（中位値142.7％　36社），そしてヘラクレス等平均200.4％（中位値156.8％　38社）であった。（株）タイセイの初期収益率はJASDAQ平均よりも高いものの，他の取引所平均に比べ高くはない。

図表15-6は，株式価格と出来高の推移を表している。

2005年2月16日（株）タイセイの公開価格120,000円は，上場後初値252,000円で引け，初期収益率110.0％となった。また同年6月6日には311,666円で引けた，それ以後株価は低迷している。[20]

また2013年9月17日には東京証券取引所マザーズへの上場を果たしたものの，初値1,220円となり，公開価格1,231円を下回って引けた。

●図表15-6　株式価格の推移

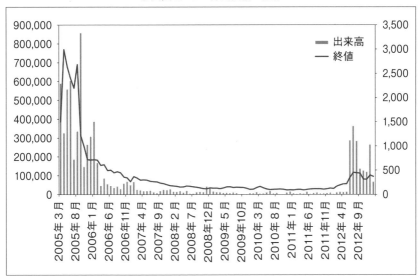

資料：（株）タイセイホームページ（2014），ＹＡＨＯＯファイナンスホームページ

　会社設立から上場日までの経過年数は，タイセイが6.01年，ＪＡＳＤＡＱ平均26.1年，マザーズ8.3年，そしてヘラクレス等平均10.7年であった。他の取引所平均と比べ，創業から短期間で上場を果たしている。

　（株）タイセイの社長の年令は，47才，ＪＡＳＤＡＱ平均54.5才，マザーズ44.6才，そしてヘラクレス等平均46.4才であった。売上高，経常利益そして当期純利益は，635百万円，13百万円，4百万円，ＪＡＳＤＡＱで平均14,170百万円，773百万円，493百万円，マザーズで4,180百万円，399百万円，219百万円，そしてヘラクレス等平均3,763百万円，236百万円，128百万円であった。売上高，経常利益そして当期純利益とも他の取引所よりも低い。

　図表15-7は，売上高，営業利益，経常利益，そして当期純利益の推移を表している。

　2008年まで順調に売上高，営業利益，経常利益，そして当期純利益は増加傾向にあったが，この年以後2010年まで営業利益，経常利益，そして当期純利益は，減少している。

　これは，カタログやインターネット等の広告宣伝費の増加によるものであっ

た。

　2010年6月の値上げにより，営業利益が少し改善され，2012年には，カタログの改訂やイベントの開催，そして広告宣伝による製品の認知度向上により，売上高，営業利益，経常利益，そして当期純利益が向上した。

●図表15-7　売上高，営業利益，経常利益，そして当期純利益の推移

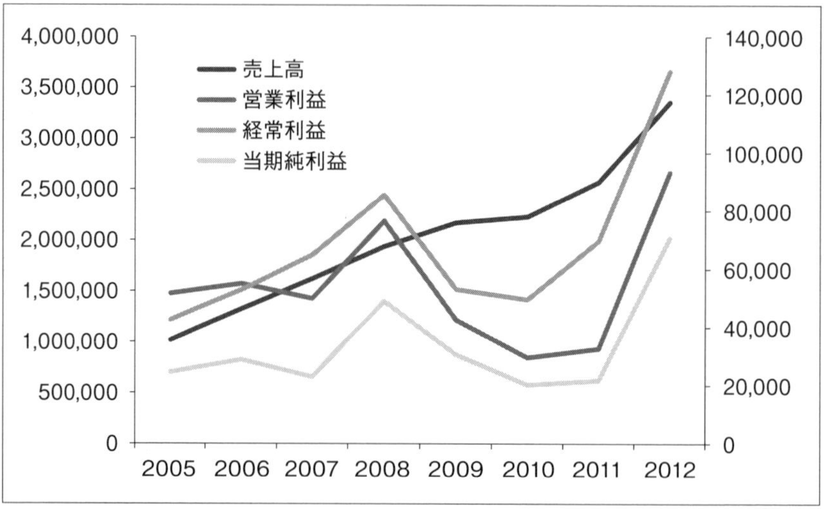

資料：(株)タイセイホームページ（2014），売上高は左軸，その他の指数は右軸。

　当該企業は，全国の菓子店，パン製造販売店，飲食店に卸売りする包装資材・乾燥剤（シリカゲル）等で国内販売シェア40％を達成している。[21] さらに「小ロット」，「低価格」，「短納期」でユーザーへダイレクト販売するビジネスモデルは，他の商品への応用が高く，今後様々な分野に事業を拡大することが可能である。

【注】

1) 日本で「ベンチャービジネス」または「ベンチャー企業」という言葉は，1970年に開催されたボストンカレッジ・マネジメント・セミナーに参加した通商産業省（現経済産業省）の佃近雄氏が，米国で1960年代後半から台頭してきたIT関連の新興企業をベンチャービジネス（Venture Business：VB）という言葉を用い，紹介したのが始まりであった。松田修一（1998）参照。

2) ベンチャー・ブームごとに分類したベンチャーの定義は，井上（2002）に詳しい。
3) 文部科学省『平成14年版　科学技術白書』参照。
4) ＩＭＤ（2011）参照。
5) 厚生労働省（2011）
6) ベンチャー企業の創出・成長に関する研究会（2008）
7) 大和証券（2012）
8) 自己資金とは，起業家自身の出資金や配偶者，親族，知人からの借入金や出資金である。大和証券（2012）参照。
9) 一般財団法人ベンチャー　エタプライズセンター（2014）
10) ＶＣは必要な資金を全額投資するのではなく，段階的に投資して行く。ＶＣの投資期間については，榊原清則（1999）参照。
11) 初期収益率＝（初値－公開価格）／公開価格（％）
12) 代表的なモデルとしては，①割引配当モデル（Discounted Dividend Model：ＤＤＭ），②割引超過利益モデル（The Discounted Abnormal Earnings Valuation Method），③株価倍率評価モデル（Valuation using Price Multiples Model）そして割引キャッシュフローモデル（Discounted Cashflow Model：ＤＣＦＭ）が挙げられる。
　　パレプK. G.－P. M.　ヒーリー－V. L.　バーナード（2001），Parepu, Healy, Brenard, and Peek（2007）および鵜崎清貴（2006）参照。
13) パレプ，ヒーリー，バーナード（2001）およびParepu, Healy, Brenard, and Peek（2007）参照。
14) Jenkinson and Ljungqvist（2001）やRitter and Welch（2002）は，様々な理論を考察し，その単一の理論では，この現象を説明することはできないとした。Tinic（1988）は，様々な興味深い仮説を考察している。特に，情報の非対称性のフレームワークの中でこの現象を説明するWinner's Curse仮説，Information Revelation仮説，Principal-Agent仮説そしてSignaling仮説があり，多くの議論や実証分析がなされている。
15) ＹＡＨＯＯファイナンスＨＰ参照。この年福商Q-Boardには，（株）タイセイ以外4月に（株）エムビーエスだけが上場している。
16) 2010年4月1日にジャスダック証券取引所が大阪証券取引所に経営統合され，2010年10月から大阪証券取引所にＪＡＳＤＡＱ市場が開設された。
17) 独立行政法人中小企業基盤整備機構ホームページ参照。
18) 独立行政法人中小企業基盤整備機構ホームページ参照。
19) ディスクロージャー実務研究会編（2006）参照。
20) このように公開価格に比べ高い初値でＩＰＯsが行われるが，その後株価は低迷することを，アンダーパフォーマンスと呼ばれている。鵜崎清貴（2006）参照。
21) 石井芳明（2011）参照。

【参考文献】

松田修一（1998）『ベンチャー・ビジネス』日本経済新聞社。
井上善海（2002）『ベンチャー・ビジネスの成長と戦略』中央経済社。
文部科学省（2002）『平成14年版 科学技術白書』（http://www.mext.go.jp/b_menu/

hakusho/html/hpaa200201/index.html）2013．1．25。

ＩＭＤ（2011）"THE WORLD COMPETITIVENESS SCOREBOARD 2011"
（http://www.vi.is/files/IMD％202011％20-％20listar_831280280.pdf）2014．1．5。

厚生労働省（2011）「平成23年版　労働経済の分析―世代ごとにみた働き方と雇用管理の動向―」
（http://www.mhlw.go.jp/wp/hakusyo/roudou/11/dl/01-1-3.pdf）2014．1．10。

ベンチャー企業の創出・成長に関する研究会（2008）「ベンチャー企業の創出・成長に関する研究会　最終報告書～ベンチャー企業の創出・成長で日本経済のイノベーションを～」
（http://www.meti.go.jp/report/downloadfiles/g80509a02j.pdf）2014．1．10。

大和証券（2012）「ベンチャー・ビジネスの資金調達」『Economic Report』
（http://www.dir.co.jp/souken/research/report/capital-mkt/12030201capital-mkt.pdf）2013．1．25。

榊原清則（1999）「ベンチャー・ビジネス；日本の課題」『Policy Study No.2』科学技術庁　科学技術政策研究所　pp.14-18
（http://www.nistep.go.jp/achiev/ftx/jpn/pol002j/pol002j.pdf）2013．1．25。

一般財団法人ベンチャー　エタプライズセンター（2014）「2013年度　ベンチャーキャピタル等投資動向調査結果」
（http://www.vec.or.jp/wordpress/wp-content/files/2013-sokuho20131018_2.pdf）2014．1．10。

ＯＥＣＤ（2013）"Entrepreneurship at a Glance 2013" OECD Publishing．
（http://www.oecd-ilibrary.org/sites/entrepreneur_aag-2013-en/06/03/index.html?contentType＝＆itemId＝/content/chapter/entrepreneur_aag-2013-27-en＆containerItemId＝/content/serial/22266941＆accessItemIds＝/content/book/entrepreneur_aag-2013-en＆mimeType＝text/html）2014．1．10。

一般財団法人ベンチャー　エタプライズセンター（2012）「2011年度　ベンチャービジネスの回顧と展望」
（http://www.vec.or.jp/wordpress/wp-content/files/2011-wp-1-20120615.pdf）2014．1．10。

Parepu G. Krishana，Paul M. Healy，Victor L. Brenard and Erik Peek（2007）Business Analysis and Valuation：ＩＦＲＳ Edition，Thomson Learning。

パレプK.G.－P.M.ヒーリー－V.L.バーナード（齋藤静樹 監訳）（2001）『企業分析入門（第2版）』東京大学出版会。

鵜崎清貴（2006）「新規株式公開時におけるベンチャー・ビジネスの評価」『ベンチャービジネスのファイナンス研究』中央経済社。

国税庁『財産評価基本通達』（http://www.nta.go.jp/shiraberu/zeiho-kaishaku/tsutatsu/kihon/sisan/hyoka/01.htm）2013.01.25。

Jenkinson T. and A. Ljungqvist（2001）Going Public：The Theory and Evidence on How Companies Raise Equity Finance, Second Edition（Oxford University Press, New York）．

ＹＡＨＯＯファイナンスホームページ
（http://stocks.finance.yahoo.co.jp/stocks/detail/?code＝998407.O）2013．1．25。

ディスクロージャー実務研究会編（2012）『株式公開上場白書　平成24年版』株式会社プロネクサス．

（株）タイセイ『目論見書』（2005）（http://www.taisei-wellnet.co.jp/pdf/050119releaseM.pdf）2013．1．25．

独立行政法人中小企業基盤整備機構（http://www.smrj.go.jp/fsw/cgi-bin/fsclient.cgi?andor1＝0&category1＝1&dispnum＝20 &matchlv＝0.8&keyword1＝%8A%94%8E%AE%89%EF%8E%D0%83%5E%83C%83Z%83C&x＝22&y＝4）2013．1．25．

ディスクロージャー実務研究会編（2006）『株式公開上場白書　平成18年版』亜細亜証券印刷株式会社．

鵜崎清貴（2006）「ベンチャー・ビジネスのコーポレートガバナンス」牟田正人・池上恭子編『企業財務制度の構造と変容』九州大学出版会．

（株）タイセイホームページ
　　（http://www.taisei-wellnet.co.jp/ref-yukashoken.html）2013．1．25．

石井芳明（2011）「ベンチャー政策評価の事例研究—ベンチャーファンド事業によるリスク資金供給の有効性—」『RIETI Policy Discussion Paper Series 11- P-016』独立行政法人経済産業研究所
　　（http://www.rieti.go.jp/jp/publications/act_pdp.html）2013．1．25．

（鵜崎　清貴）

第16講

M&Aと経営分析

1. 経営目標の変遷とM&A
- 規模拡大経営期 … 国内での水平的M&A，海外への多角化M&A
- 株主価値経営期 … 利益やキャッシュフロー重視のM&A
- 調和型・共通価値経営期 … 海外では社会的企業が民間企業を買収

2. M&Aにおける企業価値評価の意義
- 1990年代以降，日本企業は事業再構築のためM&Aを積極的に利用
- M&A対象企業（ターゲット企業）の価値の評価・算定が重要
  … 評価額が買収金額の上限。甘い評価額ではマイナスの投資成果

3. インカム・アプローチによる評価（DCF法）
- インカム・アプローチ…M&A後にターゲット企業が生み出す利益やCFに基づいて価値を評価する方法
- DCF法 … 各年度のCFを予測し，現在価値の合計が企業価値
- 特徴…買い手側の主観的な評価。M&A企業価値評価の中心

4. マーケット・アプローチによる評価（市場株価法・類似会社比較法）
- 市場株価法 … ターゲット企業の株式時価総額を株主価値とする見方
- 類似会社比較法（倍率法／マルチプル法）
  … 複数の類似上場会社の株価と基準値の倍率から標準的な株価水準を推計
  … 客観的な評価。容易に算出できる。類似会社の選択が困難
  … 株主価値ベース：PER, PBR, PCFR. 企業総価値ベース：EV／EBITDA

5. 純資産アプローチによる評価（時価純資産法）
- 時価純資産法…個別の資産の時価合計マイナス個別の負債の時価合計
- 特徴…理解しやすく客観性が高い。将来の利益やCFは反映されない。

6. 事例分析
- 三菱商事による日本ケンタッキー・フライド・チキン（日本KFC）の買収
- ファーストフード業界の類似8社のPER, PBR, EV／EBITDA平均と比較
  → 日本KFCの株価は割安
- 買い手側財務アドバイザーの株価算定結果と外部者評価は異なる。

経営目標の変遷とM＆A

　本書では，日本企業の経営が，規模拡大経営期（1950-1990年）から株主価値経営期（1990-2007年）へ，そして調和型・共通価値経営期（2008年以降）へと変遷してきたとの見方を採用している。そこで，M＆Aと経営分析について述べる前に，この見方に基づいて，日本企業の経営目標と各時代のM＆Aの特徴について概観する。

　はじめに，規模拡大経営期では，日本企業は拡大的なM＆Aを行った。そのうち，高度経済成長期では富士製鉄と八幡製鉄の合併による新日本製鐵の誕生（1970年）や，日産自動車とプリンス自動車の合併（1966年）などの国内での水平的M＆Aが行われた。また，バブル経済期では，松下電器産業によるMCAの買収（1990年）やソニーによるコロンビア・ピクチャーズ（1989年）などの海外への多角化M＆Aが行われた。これらのM＆Aは概して，投資効率よりも，規模や事業範囲の拡大を重視して行われた。

　その後の株主価値経営期では，"選択と集中"をめざし，さらに利益やキャッシュフローなどの株主の利益がより重視される中でM＆Aが実施された。たとえば，不採算事業を売却しつつ本業に関連する他社の事業を買収するM＆Aや，数年後の株式売却による投資回収リターンのみを判断基準とする買収ファンドによる大型のM＆Aが行われた。

　調和型・共通価値経営期では，日本企業による新たな動きは2012年時点では見られない。しかし，海外では社会的価値を追求する"社会企業（social enterprise）"が，自らの社会的価値を追求する手段として民間企業を買収する動きも出てきており，このような動きが今後日本においてもみられるかどうかは注目される[1]。

 M＆Aにおける企業価値評価の意義

　M＆Aは，企業の売買取引である。したがって，買い手となる企業は，M＆Aの対象となる企業（ターゲット企業）の経営状態を分析し，その時点での企

業全体としての価値を評価・算定する。そしてその評価額を上限に，買収金額を決める。もしも見通しの甘い評価を行えば評価額は膨らみ，その分だけ買収金額の上限値が上がる。そしてその上限に近い買収額でM＆Aの取引が成立すれば，真の企業価値を超える買収額を支払うことになる。結果的にそのM＆Aは買い手企業にマイナスの投資成果をもたらす。この意味で，ターゲット企業の価値評価（"バリュエーション"といわれる）はM＆Aの成否に大きな影響を与える。

3 インカム・アプローチによる評価（DCF法）

インカム・アプローチとは，M＆A後にターゲット企業が生み出すインカム，すなわち利益やキャッシュフローに基づいて価値を評価する方法である。インカム・アプローチにはいくつかの手法があるが，代表的な評価手法は，DCF（discounted cash flow）法である。DCF法では，M＆A後の各年度におけるターゲット企業のキャッシュフローを予測し，割引率を用いてその現在価値を算出し，その合計をもって企業価値とする。

この手法の特徴は，主観的な将来性の評価という点である。すなわち，完全に予測することはできない将来キャッシュフローを買い手企業（およびその依頼を受けた財務アドバイザー）が，いくつかの想定に基づいて主観的に予測する。さらに，キャッシュフローの現在価値計算においても，何らかの主観的な想定に基づいて選択した1つまたは複数の割引率が用いられる。その結果，推計された企業価値は，これらの予測や想定に大きく影響を受けた，主観的で（ときに恣意性も含まれうる）不確実性の高い評価値となる。

とはいえ，M＆Aの成果は将来（M＆A後に）生み出されるキャッシュフローの大小によるのであり，その実現のための経営はほかの誰でもなく買い手企業の経営者が担う。そのため，買い手企業による将来キャッシュフローの見積もりに基づくDCF法は，M＆Aにおける企業価値評価の中心的な手法である。

マーケット・アプローチによる評価
（市場株価法・類似会社比較法）

1 市場株価法

マーケット・アプローチとは，マーケットすなわち株式市場の評価を利用した評価方法である。その代表的な手法としては，「市場株価法」と「類似会社比較法」がある。市場株価法とは，ターゲット企業の株式時価総額をその時点での企業価値（株主価値）とする見方である。ただし，この手法は公開会社にしか適用できないため，非公開会社には次の「類似会社比較法」などが用いられる。また，株価はその時点での様々な状況に影響を受けて刻々と変動するため，一時点の株価だけでなく数か月間の平均値や最高値と最安値の範囲値を取ることも多い。また通常，市場株価法だけでなく次の類似会社比較法などが合わせて用いられる。

2 類似会社比較法（倍率法）

「類似会社比較法」は，「倍率法（マルチプル法）」とも呼ばれる。この手法では，ターゲット企業と類似する複数の公開会社を選定し，それらの類似公開会社の株価（あるいは株式時価総額）が各種の基準値の何倍をつけているか，その倍率の範囲を算出する。そして，その倍率をターゲット企業の各基準値に適用し，標準的な株価水準を推計する。これによって，ターゲット企業が非公開会社であっても，妥当な株価水準の範囲を得ることができる。また，ターゲット企業が公開会社であれば，現在の株価と各基準値の倍率を類似会社のそれと比較することによって，ターゲット企業の株価が標準的な範囲にあるのか，あるいはそれより高い（または低い）のかを判断することができる。

倍率法の特徴は，株価という客観的な数値に基づいた評価であることと，ＤＣＦ法のような煩雑な計算が不要であり，公表データから容易に算出できることである。ただし，ターゲット企業と類似する会社をどのように選択するかについて，困難さを伴う場合が多い。通常は業種，規模，事業構成などの点から

選択するが，ターゲット企業と類似する企業は必ずしも多いとは限らない。とくに特殊な業種や新たな事業を展開する企業の場合は，類似会社がごく少数（1～2社），さらにはゼロということもありうる。このような場合，それらの会社から得られた倍率値をどこまで重要視すべきかについては議論が分かれる。

倍率法では，株主価値である株式時価総額（＝株価×発行済み株式数）だけでなく企業総価値（株主価値＋負債価値）を基準として算出した倍率もよく利用される。企業総価値は，ＥＶ（Enterprise Value）と略されることが多い。この負債価値は，有利子負債から現預金・有価証券を控除した純額が用いられる。

株主価値ベースと企業総価値ベースの主な倍率指標は以下の通りである。

① 株主価値ベースの主な倍率
- ＰＥＲ…株価／1株あたり当期純利益＝株式時価総額／当期純利益
- ＰＢＲ…株価／1株あたり純資産簿価＝株式時価総額／純資産簿価
- ＰＣＦＲ…株価／1株あたりキャッシュフロー＝株式時価総額／キャッシュフロー

② ＥＶベースの主な倍率
- ＥＶ／ＥＢＩＴＤＡ…（株式時価総額＋純有利子負債）／ＥＢＩＴＤＡ[2]

5 純資産アプローチによる評価（時価純資産法）

純資産アプローチとは，Ｍ＆Ａの時点でターゲット企業の資産と負債を時価評価し，その差額を株主価値とする方法であり，「時価純資産法」とも呼ばれる。この手法では，ターゲット企業が保有する個別の資産の時価合計から個別の負債の時価合計を差し引いて算出するため理解しやすく，客観性が高い評価を得られる。ただし，あくまで現時点での保有資産・負債の評価額であるため，企業全体で生み出す将来の利益やキャッシュフローは反映されない。この手法は，非公開の中小企業のＭ＆Ａではよく活用される。

6 事例分析

　ここでは，実際のM＆A事例におけるターゲット企業評価を，外部者の立場から比較的容易に入手できる情報に基づいて分析できる類似会社比較法の3つの倍率指標（PER，PBR，EV／EBITDA）を用いて簡易的に行う。

　分析対象として，2007年に実施された三菱商事による日本ケンタッキー・フライド・チキン（以下，日本KFC）の買収を取り上げる。三菱商事はTOBを実施して日本KFCの株式の所有比率を31.11％から64.79％へと引き上げ，経営権を獲得した。ターゲット企業である日本KFCはファーストフード業界に属する。当時のファーストフード業界の類似上場会社として挙げられるのが，図表16-1の8社である。これ以外にも数社あるが，規模や外食事業の売上比率が大きくないなどの理由から対象外とした。買収実施前の各社の決算期時点での株式時価総額を見ると日本KFCは497.6億円であり，ちょうど中間の第5位にあることがわかる。図表にはないが，売上高順位は第4位である。

　図表16-1(A)にある通り，類似上場会社の3つの倍率指標の平均は，いずれも日本KFCよりも高い（ただしPBRの中央値はほぼ同じ）。したがって，日本KFCの株価は割安に評価されていたことがわかる。なおEV／EBITDAは日本KFCの株式と有利子負債をすべて買い取る費用を何年のEBITDAで回収できるかを見る指標でもある。そう考えると，日本KFCは約11年で買収に要する総コストを回収できる計算となる。また，図表16-2(B)は，類似会社の平均倍率（および中央値倍率）を用いて日本KFCの株主価値を算出したものである。平均倍率で算出した3つの株主価値の数値は実際の株式時価総額より大きいことがわかる。

　図表16-1の数値は，あくまで外部者が公表資料から事後的に推計した評価結果である。実際の買収では，買い手企業が財務アドバイザーにターゲット企業の株価算定評価を依頼し，その評価結果を基準にして買収価格が決定されることが多い。この事例では，公表資料で財務アドバイザーによる日本KFCの株価算定値が入手できる。それに基づいて作成したものが図表16-2である。3つの算定手法の算定結果をみると，重なるものもあるが，かなり離れている

ものもあることがわかる。また，図表16－2の「類似公開企業乗数比較法」の株主価値と図表16－1(B)の株主価値は基本的に同じ手法による算定結果であるが，3つの評価法とも結果が大きく乖離している。これは，算出時点，対象類似会社，基準指標が異なっていることが主な原因と推測される。

● 図表16－1　倍率法による日本ＫＦＣの株主価値と類似上場会社の倍率指標

(A) 買収発表前決算実績値に基づく日本ＫＦＣと同業類似会社の株式時価総額と各倍率指標

	株式時価総額	倍　率		
		ＰＥＲ	ＰＢＲ	EV／EBITDA
日本マクドナルドＨＤ	2,637.9億円	68.7	2.0	16.4
ゼンショー	1,610.1	24.7	3.7	13.7
吉野家ＨＤ	1,311.6	58.1	1.7	18.2
モスフードサービス	517.6	111.0	1.5	15.5
壱番屋	364.0	17.8	2.2	9.4
松屋フーズ	307.1	45.7	1.1	8.0
サガミチェーン	284.2	58.4	1.8	27.2
トリドール	165.8	30.0	8.4	12.4
日本ＫＦＣ	497.6	31.3	2.1	10.7
8社平均 （8社中央値）		51.8 (51.9)	2.8 (1.9)	15.1 (14.6)

(B) 類似会社の倍率を適用した場合の日本ＫＦＣの株主価値

		類似会社の平均（中央値） 倍率を適用した株主価値	計算式
日本ＫＦＣ	ＰＥＲ ベース	824.0億円 (825.8)	（税引後利益15.9億円×平均倍率51.8） （税引後利益15.9億円×中央値倍率51.9）
	ＰＢＲ ベース	672.6億円 (456.4)	（純資産239.4億円×平均倍率2.8） （純資産239.4億円×中央値倍率1.9）
	EV／EBITDA ベース	702.0億円 (679.2)	（EBITDA 46.4億円×平均倍率15.1－有利子負債0） （EBITDA 46.4億円×中央値倍率14.6－有利子負債0）

（出所）　株式時価総額は日本ＫＦＣ買収発表前の各社の決算期末日の株価×発行済株式数。8社平均（8社中央値）とは，日本ＫＦＣを除く類似上場会社8社の平均（中央値）。ＰＥＲ，ＰＢＲ，EV／EBITDAは各社有価証券報告書から得た日本ＫＦＣ買収発表前決算期の実績値に基づく。ＥＢＩＴＤＡは営業利益＋減価償却費。ＥＶの有利子負債は現預金＋有価証券を控除した純額（ただし最小値はゼロ）。税引後利益には当期利益に減損損失を足し戻した値を使用。

このように,M&Aにおける企業価値評価は,手法によって評価値が異なるだけでなく,買収当事者と外部者で大きく離れることがあるといえる。

●図表16-2　買い手側財務アドバイザーの株式価値算定書で算定された日本KFCの株式価値

算定手法		1株価値	算定内容	株主価値 (1株価値×発行済株式数)
市場株価法		2,115円 ～2,210円	2007年10月25日およびこの日を基準とした1か月,3か月,6か月間の株価	486.1億円～507.9億円
類似公開企業乗数比較法	EBITDA	1,885円 ～2,428円	日本KFCと比較的類似する事業を手掛ける上場企業の市場株価や収益性等を示す財務指標との比較を通じた日本KFCの株式価値	433.2億円～558.0億円
	PER	1,012円 ～1,378円		232.6億円～316.7億円
	PBR	2,986円 ～3,649円		686.3億円～838.6億円
DCF法		2,118円 ～2,492円	日本KFCの収益予測や設備投資計画等の諸要素を前提とし,日本KFCが将来生み出すと見込まれるフリーキャッシュフローを一定の割引率で現在価値に割り引いて企業価値及び株式価値を評価	486.8億円～572.7億円

(出所)　三菱商事提出の「公開買付届出書」(2007.11.1)の【買付等の価格】および日本KFCの有価証券報告書より作成。

【注】
1) イギリス(スコットランド)では,労働市場において重度に不利な状態に置かれた人々の雇用を支援することを目的とした社会企業(Social Firms)が,その目的を追求するために小規模の民間企業を買収することを支援する「Acquiring Business 4 Good (AB4G) programme」が実施され,実際に3件の買収が成立している。Social Value Lab [2011], p.14を参照。
2) EBITDA＝支払利息,税金,減価償却費,無形固定資産償却費を控除する前の利益(Earnings Before Interest, Taxes, Depreciation and Amortization)。実務上は,営業利益と減価償却費の合計値が用いられることが多い。簡易な営業キャッシュフローとされる。

【参考文献】

監査法人トーマツ『M&Aの企業評価 理論と実務の総合解説』中央経済社，2005年。
小山康宏『M&A企業評価』中央経済社，2011年。
坂本恒夫・文堂弘之編『M&A戦略のケース・スタディ』中央経済社，2008年。
田中佑児『M&Aにおける投資価値評価と投資意思決定』中央経済社，2012年。
服部暢達『実践M&Aマネジメント』東洋経済新報社，2004年。
Social Value Lab, *Acquiring Business 4 Good : Lessons Learned*, 2011, http://www.acquiringbusiness4good.com/wp-content/uploads/2012/02/AB4G-Final-Report-v1.pdf（2013．3．10アクセス）．

（文堂　弘之）

第4部

社会的評価力と経営分析

第17講

環境問題と経営分析

1．意義・目的―企業活動による環境への影響および環境保全活動を分析する

(1) 企業と環境問題
・産業革命に端を発する企業と環境問題
・環境問題対応の国際的な高まり
(2) 企業評価と環境問題
・企業の環境活動を評価する仕組みの要請

2．手　法

(1) 環境汚染の測定項目
・大気汚染，水質汚濁，土壌汚染，騒音，振動悪臭，廃棄物等の排出量
・温室効果ガスの排出量
(2) 環境会計の特徴
・財務会計，管理会計による財務報告：法制度による
　　　　　　　　　　　　　　　　　　貨幣単位
・環境会計報告：法制度はなく環境省によるガイドラインのみ
　　　　　　　貨幣単位および物量単位
(3) 環境活動評価の変遷
・企業の社会的責任を評価する時代―環境報告も活発に
・株主価値経営の時代―環境活動はコスト増とみなし，利益重視
・金融破たん後―「環境（Environment）」，「社会（Society）」，「ガバナンス（Governance）」を重視した企業評価

3．財務報告から統合報告へ

・統合報告書―財務情報と非財務情報の開示
・経済的なデータだけでなく，社会的な側面も合わせて報告し，企業を評価する

4．事　例―リコー

・統合報告書の形式を用いた「サステナビリティレポート」で「経済」，「社会」，「環境」を報告
・環境会計のデータ分析―費用と効果の相関関係

意義・目的－企業活動による環境への影響および
環境保全活動を分析する

1 企業と環境問題

　企業と環境問題の関わりは，18世紀の産業革命に遡ると言われている。産業革命から始まった大量のエネルギー消費，森林伐採，生産活動による廃棄物の増加，大気汚染等は，大量生産の形態とともに世界中に拡散し，とりわけ先進諸国において問題となっていった。近年は，中国やインド，アジア諸国などでも，経済発展とともに環境汚染が深刻化してきている。そうした状況を懸念し，地球環境の危機に警告を鳴らす動きも世界規模で進んでいる。1992年にリオデジャネイロで開催された地球環境サミットは，世界中の人々に，地球環境問題解決が人類にとって喫緊の課題であること知らしめた。その後も，国連を中心に様々な機関が世界レベルで環境対応に動いている[1]。

2 企業評価と環境問題

　2006年に発表された世界経済に与える地球温暖化の影響をまとめたスターンレビューでは，温暖化対策を取らなかった場合には，全世界のＧＤＰの20％の経済損失が見込まれると報告されている。こうしたデータからも持続可能な社会構築のために，企業が果たすべき役割の比重は増している。その役割を認識し，実践の方向へと進めていくためには，従来の財務的な視点でのみ企業を評価するのではなく，環境に負荷を与えている企業，あるいは配慮している企業を評価する仕組みも必要となってくる。また，環境対応を怠っていることで生じる事故や不祥事などのリスクを把握するためにも，環境の側面からの企業分析は重要である。

2 手法

1 環境汚染の測定項目

一般に環境汚染としてあげられるものには，大気汚染，水質汚濁，土壌汚染，騒音，振動悪臭，廃棄物などがある。たとえば，大気汚染であれば，その原因となる，ばい煙，粉じん，自動車の排ガスなどの排出量が測定される。いずれも自治体や環境省により汚染状況が測定公表されている。

近年は，地球温暖化の原因と言われる CO_2 などの温室効果ガスの排出データの測定も，地球全体，国別，企業別と様々な単位でなされている。ＩＰＣＣ[2]の報告によれば，CO_2 濃度は産業革命以降に大幅に高まっている。今後も化石燃料を消費し続けることによる世界経済成長が維持されると，CO_2 濃度は2005年の379ppmから2100年には600ppmに増加し，平均気温が6.4℃上昇すると言われている。

2 環境会計の特徴

企業評価を行う際には，財務諸表を用いた財務分析が一般的である。財務諸表の作成は，金融商品取引法や会社法，税法などによって作成，公表が義務付けられており，それゆえ，公表される財務諸表は信頼性，比較可能性が保たれている。一方，環境会計には法的な会計基準はなく，わが国では，環境省による「環境会計ガイドライン」に基づき，環境会計を導入し報告している企業が多い。同ガイドラインによって報告される項目は，下記のとおりである。財務会計や管理会計と異なり，貨幣表示だけでなく CO_2 削減量などのように物量単位で示されるものもある。

● 図表17-1　環境会計で表示される項目内容

表示内容	項目例
①環境保全コスト（金額）	地球温暖化対策，オゾン層保護，大気環境保全，騒音・振動対策，水環境・土壌環境・地盤環境保全，廃棄物・リサイクル対策に関するコストなど
②環境保全にともなう経済効果（金額）	リサイクル事業収益，エネルギー費用削減，省資源による費用削減，リスク回避など
③環境保全効果（物量）	汚染物質削減量，温室効果ガス削減量，廃棄物削減量，グリーン調達購入量など

（出所）　環境省の「環境会計ガイドライン2005年版」をもとに作成。
　　　　　環境省ＨＰ
　　　　　http://www.env.go.jp/press/file_view.php?serial＝6396＆hou_id＝5722

　先ほど述べたとおり，環境会計の手法を用いた企業の環境情報の開示は，自主的なものである。環境省の調査によれば，環境会計を導入している企業数は年々増加し，上場企業の約4割が導入しており，また導入を検討している企業も合わせると5割近くにのぼる[3]。環境会計によって報告される情報は，利害関係者が企業の環境評価を行うのに有用なツールとなる。

③　環境活動評価の変遷

　企業の環境活動は，企業の社会的責任論の高まりと共に注目されるようになり，その情報開示に対する機運も高まっていった。たとえば，1997年に設立された「経済」，「社会」，「環境」のトリプルボトムラインと言われる3つの側面からの企業情報開示を促す，ＧＲＩ（Global Report Initiative）が象徴的である。しかし，バブル崩壊後の不況の時代には，環境活動はコストがかかるものという認識が根強く，企業自身が環境活動に取り組む余裕がなかったり，あるいは活動していたとしても単なるパフォーマンスに過ぎないと見られたりすることもあった。また，株主価値経営の時代には，短期主義的な利益を追求する株主は，企業にコスト削減を強いたが，そのために，簡単に廃棄されたり，環境負荷を増大させたりするような製品を大量生産するといった経営活動により環境活動が軽視されることもあった。しかし，金融破綻後は，そうした投資行動を

反省する動きが見られた。中でも機関投資家が投資の判断をする際に，「環境（Environment）」，「社会（Society）」，「ガバナンス（Governance）」の問題に配慮するよう促す「責任投資原則―ＰＲＩ：Principles for Responsible Investment」4)の採択は，これまでとは違った企業の評価，分析をもたらす契機となっている。

3 財務報告から統合報告へ

近年，財務情報が中心となっていた営業報告書に，ＣＳＲレポートや環境報告書にある非財務情報を合わせた統合報告書を作成する動きが国際的にも活発化してきている。これまでの財務情報の数値を用いた定量的な分析だけでなく，環境問題や社会問題への対応と言った定性的な情報の分析も含めた企業の総合的な評価が可能となる。その際には，財務分析と同様に，同業他社との比較，また，過去の活動との比較を行うことが有効である。これまでのように，利益指標を中心に企業評価を行ってきた時代から，環境活動を含めた社会的活動を示す指標による分析評価が重要視される時代に入っている。

4 事　例―リコー

ここでは，これまでのアニュアルレポート，社会的責任経営報告書，環境経営報告書を統合して「サステナビリティレポート2012」を作成したリコーを例に，環境活動の側面を分析する。環境活動については，環境経営の項目を設け，環境配慮型商品の詳細や自然エネルギーの導入など様々な活動状況を報告している。

環境会計情報では，前年度比で見ると対策費用が上がっている項目が多く，環境対応に力を入れていることがうかがえる。また，節電や廃棄物処理効率化などによる経済効果の金額が上がっており，環境保全効果としてのCO_2排出量削減と連動していることがわかる。リコーは，2012年に環境格付けを利用した政策投資銀行の融資制度において最高ランクを取得し，通常より0.1％程度低い優遇金利で300億円を調達している5)。サステナビリティレポートにも詳述

されている温暖化対策やリサイクル活動が評価されていることがうかがえる。

統合報告書として興味深いのは，企業戦略を伝えるサプライチェーンマネジメントの項目欄に，「サプライヤーとの環境負荷情報の共有」，「循環型エコ包装」，「物流全体の効率と環境負荷削減」といった活動内容が盛り込まれていることである。通常の企業活動と環境活動がどのようにリンクし効果をあげているのかが，情報利用者にとっても明瞭である。

● 図表17－2　2011年度　リコーグループ環境会計

環境省分類	環境保全コスト（単位：億円）					経済効果（単位：億円）		
	内容	投資額	前年度比増減	費用額	前年度比増減	内容	効果金額	前年度比増減
事業エリア内	公害防止，地球環境保全，資源循環等	1.1	↓2.2	14.6	↑1.1	節電や廃棄物処理効率化等	24.5	↑2.4
上・下流	製品回収，再商品化等	0.3	↑0.3	113.9	↓24.7	リサイクル品売却等	164.9	↓44.0
管理活動	環境マネジメントシステムの構築，運用等	0.4	↑0.3	35.8	↓2.7	―		
研究開発	環境負荷低減の為の研究，開発費等	1.8	↑0.1	39.7	↑9.0	―		
社会活動	環境改善対策，環境保全支援等	0.0	↑0.0	0.9	↑0.2	―		
環境損傷対応	土壌汚染，自然破壊の修復等	0.1	↑0.1	1.6	↑0.9	―		
合計		3.6	↓1.5	206.6	↓16.2		189.4	↓41.6

環境保全効果			
環境負荷項目		2011年度排出量・使用量	削減量（前年度比較）
製品使用時CO_2排出量		413.1（千t）	↓61.5（千t）
事業所環境負荷量	CO_2	366.2（千t）	↑8.5（千t）
	NOx	102.1（t）	↓6.4（t）
	SOx	5.9（t）	↓0.1（t）
	BOD	5.8（t）	↓0.8（t）
	廃棄物最終処分量	253.3（t）	↑36.5（t）
	水使用量	3.6（百万m^3）	↓0.08（百万m^3）

（出所）「サステナビリティレポート2012」リコーホームページ。
http://www.ricoh.co.jp/about/sustainability/report/pdf2012/all.pdf

第17講　環境問題と経営分析

【注】

1) 地球環境サミット開催以前に1972年にＵＮＥＰ（United Nations Environment Programme＝国連環境計画）が設立されている。また，金融機関が環境および持続可能性に配慮した事業を行っていくことを目的とした国連環境計画・金融イニシアティブ（ＵＮＥＰ　ＦＩ）といった機関もある（1992年設立）。
2) ＩＰＣＣ（Intergovernmental Panel on Climate Change：気候変動に関する政府間パネル）とは，地球温暖化の影響について科学的知見を集約し研究報告を行う世界的な機関で，1988年にＵＮＥＰとWMO（World Meteorological Organization：世界気象機関）により設立された。
3) 環境省『環境にやさしい企業行動調査　平成22年度における取組に関する調査結果概要版』2012年1月，5ページ。
4) 2003年11月，当時のアナン国連事務総長が，ＵＮＥＰ金融イニシアティブおよび国連グローバル・コンパクトに呼びかけて打ち出した投資原則。400を超える世界の金融機関が署名している。
5) 『日経産業新聞』2012年11月1日付。

【参考文献】

河野正男編『環境会計A to Z』ビオシティ，2005年。
リコー『サステナビリティレポート2012』。

（野村　佐智代）

第18講

NPOの経営分析

1. NPOとミッション

○NPO（NonProfit Organization）とは，組織・団体の構成員に対する収益の分配を目的とせず，様々な分野の社会貢献活動を行う団体の総称
○NPOの第一の目的：利益の分配ではなく，社会貢献のミッションの追及
　・ミッションへの貢献①：ボランティア＝時間の提供
　・ミッションへの貢献②：会費・寄付＝金銭の提供
○NPOの有効性・社会への貢献は多様な基準による評価が必要

2. NPOの評価基準

○「評価みえ」による「事業評価システム2000」
　・内部分析のためのチェックリスト
　・非財務情報
○「エクセレントNPO」の評価基準
　・市民性，社会変革性，組織安定性を基本条件とする評価基準
　・会計・財務情報含む

3. NPOの財務指標

○「持続性」：NPOが中長期的に団体を維持運営できるかどうかを評価
　・支払可能期間＝流動資産／（総支出／12か月）
　・正味財産・収入比率＝正味財産／総収入
○「収入の質」：活動を継続するために必要な資源獲得能力があるかどうかを評価
　・収益率＝経常収支／総収入
　・社会的支援収入比率＝会費・寄付・補助金等収入／総収入
　・収入多様性比率　　$HHI = \sum (r_1/R)^2, i=1, 2, \Lambda, n$
○財務指標の限界：ベンチマークが未確立

4. NPOの分析事例

1）認定NPO法人スペシャルオリンピックス日本
2）日本中小企業・ベンチャー ビジネスコンソーシアム

NPOとミッション

　NPO（NonProfit Organization，非営利組織）とは，組織・団体の構成員に対する収益の分配を目的とせず，様々な分野の社会貢献活動を行う団体の総称である。NPOにおいても，収益を目的とする事業を行うこと自体は認められている。ただし事業で得た収益は，理事や出資者，経営者などに分配せず，様々な社会貢献活動に充てることになる。NPOが行う社会貢献事業は，文化や芸術，教育，保健・医療，福祉，環境，災害救援，まちづくり・地域活性化，国際協力など多岐にわたる。

　利益の分配を行わないNPOにとって最も重要な要素は，それぞれのNPOが掲げる社会貢献ないし社会的課題解決のミッション，使命である。NPO研究の先駆者であるP.F.ドラッカーは『非営利組織の経営』において，「NPOは一人ひとりの人と社会を変える存在である。したがって考えるべきはいかなるミッションが有効であって，いかなるミッションが無効であるかである」と指摘している。そして，「ミッションの価値は，正しい行動をもたらすことにある。…ミッションとは，組織に働く者全員が自らの貢献を知りうるようにするものでなければならない」という。

　すなわち，それぞれのNPOに社会に貢献するミッションがあるからこそ，そのミッションに賛同した人たちが，ボランティアとして活動に参加したり，会員となって会費を納入したり，支援者として募金や寄付を提供したりするのである。ボランティアは無償の労務，すなわち時間を提供することであり，寄付や会費は活動のための資金を提供することである。ミッションの賛同者たちは時間や金銭の提供を通してミッションへの貢献を果たす。このように，営利企業とは区別されるNPOの特性は，ミッションの追及をその活動の第一の目的にしている点にある。

　ミッションが活動の第一目的であるが故にマネジメントにおける困難な課題にも直面する。それは，NPOの活動の評価をいかに行うかという課題である。営利企業であれば，その活動目的は長期利益の最大化にある。したがって，利益，とりわけ長期的な利益が企業の事業活動の成果を測定する決定的な判断基

199

準となりうる。

　ところが，ＮＰＯでは活動の第一目的はミッションであり，それは各ＮＰＯによってそれぞれ異なる。それぞれのミッションがいかに達成されて社会に貢献しているか，その有効性を評価しなければならない。ＮＰＯの有効性は，営利企業における長期利益のように統一的な判断基準で評価することはできず，多様な基準を考え組み合わせて評価する必要がある。

　次節では，多様な基準を組み合わせたＮＰＯの評価の試みとその内容についてみる。

ＮＰＯの評価基準

　ＮＰＯの評価については，日本では，「特定非営利活動法人コミュニティ・シンクタンク『評価みえ』」や「『エクセレントＮＰＯ』を目指そう市民会議」などにより，ＮＰＯを自己診断するための統一的な評価基準を構築しようという動きがある。[1]

　「評価みえ」では，2000年に，ＮＰＯの事業活動について従事者の立場から内部分析するためのチェックリストを「事業評価システム2000」として公表している。図表18-1に示した通り，チェックリストは5分類，25項目からなり，活動の計画段階から実施，事後評価までの各チェック項目について0～4点，合計100点で評価する。当時はＮＰＯの会計実務が確立しておらず，財務数値を用いないで事業の分析を行おうという試みであった。

　「『エクセレントＮＰＯ』を目指そう市民会議」は，2007年よりＮＰＯの実践者と研究者でＮＰＯの評価と評価基準に関する研究と検討を重ね，2010年に望ましいＮＰＯの姿として「エクセレントＮＰＯ」の概念を打ち出した。エクセレントＮＰＯとは，「自らの使命のもとに，社会の課題に挑み，広く市民の参加を得て，課題の解決に向けて成果を出している。そのために必要な，責任ある活動母体として一定の組織的安定性と刷新性を維持していること」である。

第18講　ＮＰＯの経営分析

● 図表18−1　「評価みえ」による内部分析チェックリスト

分類		項目	内容
事業実施に向けて	1	ミッションとの整合性	事業がミッションとあっていたか
	2	戦略計画との整合性	事業が戦略計画とあっていたか
	3	事業の目標設定	明確で測定可能な目標設定されたか
	4	事前のリソース提供者とのコミュニケーション	資金，情報，労力等の提供者に，事前にリソース提供の必要性を理解してもらえたか
	5	事前の受益者とのコミュニケーション	事業の受益者の情報を入手し，実情，思いなどを事前に受け止められたか
事業の計画	6	過去の反省と情報収集	事業を計画する際に，これまで行った事業の反省点や内外の事例を分析し，事業計画に反映したか
	7	コスト対効果と事業規模	コスト（投入するヒト，モノ，カネ）と効果の関係を考えた上で，ちょうど良い規模の事業を計画したか
	8	企画内容の妥当性	事業を行う，場所，時間，方法等は，受益者のニーズを踏まえた上で計画したか
	9	事業目的・ゴールの共有	事業をどのような目的で行い，どういうゴールを達成すればよいか，関係者の間で意識が共有されたか
	10	事業計画書・収支計画書	事業計画書，及び収支計画書は作成されたか
事業実施体制	11	業務実施時期と役割分担	事業実施過程で発生する業務について，実施の時期や，担当者が明確に決められてたか
	12	事業実施の際のパートナーシップ	事業を実施の際，リソース提供者との協力体制，連携は良好だったか
	13	人材の最適配置と課題解決	人材が適切に配置され，業務の進捗状況が確認される体制があり，発生した課題に対応する用意があったか
	14	適正な予算執行と課題解決	予算の執行状況や配分が確認される体制があり，発生した課題に対応する用意があったか。
	15	情報の共有	業務の進捗状況，課題の発生等について情報共有する体制があり，必要な情報が関係者に伝わっていたか
情報流通体制，事業実施後	16	広報の方法とわかりやすさ	広報は事業対象となる人の利用メディアにあわせて行われ，対象者にとってわかりやすい内容だったか
	17	受益者からのクレーム情報の吸い上げとフィードバック	受益者からの苦情，意見を受け付ける体制があり，その情報が業務改善に活かされたか
	18	事業実施後の振り返り	事業終了後，企画内容，事業内容，その結果に関して関係者間で反省する機会があり，改善計画書が作成されたか
	19	事後のリソース提供者とのコミュニケーション	事業後，報告書及び決算書が作成され，リソース提供者に報告されるとともに，一般にも公開されていますか
	20	事後の受益者とコミュニケーション	事業後，受益者からの意見聴取の機会があり，今後の事業に繋がる良好な関係作りを行っているか
事業の成果	21	企画意図の達成度	事前に設定した目標を達成できたか
	22	人々の自立性とネットワーク	事業後，人々のネットワークが生まれ，地域社会の発展のために人々自ら行動できるようになったか
	23	リソース提供者の満足度	リソース提供者に，事業を通じて充分な満足感を提供できたか
	24	受益者の満足度	受益者は，事業を通じて充分な満足が得られたか
	25	事業実施者の満足度	事業実施者は，この事業が望ましい社会実現のために貢献したと感じることができたか

（出所）　コミュニティ・シンクタンク「評価みえ」監修，『社会を変えるＮＰＯ評価』，北樹出版より作成。

そして,「市民性」「社会変革性」「組織安定性」の三つを基本条件とする,組織評価の体系としての「エクセレントNPOの評価基準」を公開した。その評価基準は12の評価項目,33の評価基準からなる(図表18-2)。エクセレントNPOの評価基準は,「評価みえ」ではなかった会計・財務情報も評価項目に加えられており,NPOの有効性や社会への貢献度合いを分析するうえで一層有用なツールとなっている。「市民会議」ではこの評価システムを用いた年間大賞である「エクセレントNPO大賞」の表彰も行っている。

● 図表18-2 「エクセレントNPO」の評価基準

基本条件	評価項目		評価基準
市民性	ボランティア	(1)	ボランティアの機会が人々に開かれ,活動内容がわかりやすく伝えられているか
		(2)	ボランティアに対して,組織の使命,目的,活動の概要を説明しているか。また,事業の成果を共有しているか
		(3)	ボランティアとの対話機会を作り,彼らからの提案に対してフィードバックをしているか
		(4)	ボランティアに対して感謝の気持ちを伝える工夫を凝らしているか
	寄付	(5)	寄付者を単なる資金源でなく,団体の参加者として認識しているか
		(6)	寄付の機会が広く多くの人々に開かれ,募集の内容がわかりやすく説明されているか
		(7)	寄付者に安心感を与えることができるように報告しているか
		(8)	寄付者への感謝の気持ちを伝える工夫をしているか
	自覚	(9)	あなたは,活動に加わるすべての参加者に,市民としての意識や市民としての成長の機会を提供していること,さらに,活動を通じて,社会的な課題への気づきや課題解決の達成感や喜びの機会を共有しているという,自覚を持っているか
社会変革性	課題認識	(1)	自ら取り組んでいる問題やテーマを把握し,自分たちの課題として明確に認識しているか
		(2)	課題に取り組みながら,その背後にある原因や理由を見出そうとする姿勢や視点を持っているか
		(3)	自ら取り組む問題のみならず,その原因となっている制度や慣習など,社会の仕組みにかかわる問題を視野に入れているか
	方法	(4)	アウトカム・レベルの成果を目指しているか
		(5)	課題認識の進化に伴い,課題解決方法(目的,計画,活動方法など)も前進・進化させているか
		(6)	中長期の視点から課題解決に向けた展望を持っているか
	能力	(7)	何が課題解決に必要な技術や知識であるかを判断する力を持っているか【専門性】
		(8)	リーダー役を担う者は,課題解決のために中心的な役割を担い,また組織内外の専門家,資金などのリソースを組み合わせ,それらを機能させるためのコーディネーション能力を有しているか【リーダーシップ】
		(9)	外部の組織や人々と協力し合い,時には切磋琢磨しながら,互いに向上し合うような関係を構築しているか【ネットワーク】
	フィードバック	(10)	課題解決のプロセスで,その取り組みや成果のあり方について評価を行い,その結果をフィードバックする仕組みを有しているか

	アドボカシー	(11)	社会に対し，組織が取り組む課題，使命や活動目標を理解してもらうよう努めているか【社会への説明と理解】
	自立性	(12)	組織の独立性，中立性を維持しているか
組織安定性	ガバナンス	(1)	組織の使命は明確に示されているか
		(2)	使命は組織のステークホルダーに共有されているか
		(3)	意思決定機関，執行機関，チェック機関が明確に定義され，その選出方法と過程が透明であるか
		(4)	チェック・メカニズムが機能しているか
		(5)	組織の全体像が明確に説明されているか
	収入多様性と規律	(6)	広く多様な主体から資金を集め，リスクを回避できるように収入多様性を維持しているか【収入構成】
		(7)	組織の独立性に配慮するように資金調達を行っているか【資金調達に関する規律Ⅰ】
		(8)	資金調達のプロセスは透明で，公序良俗に反するような行為による資金は受け取っていないか【資金調達に関する規律Ⅱ】
		(9)	組織の会計が透明で説明可能な会計システムに基づき適正に処理されているか【会計システムⅠ】
		(10)	会計運営上のチェックが機能しているか【会計システムⅡ】
	人材育成	(11)	職員に対して，法律などで定められた基準にしたがった待遇，労働環境を提供しているか【職員の待遇】
		(12)	職員が組織のミッションを踏まえ，任務を理解できるような工夫をしているか【職員の育成】

（出所）「エクセレントNPO」をめざそう市民会議『「エクセレントNPO」の評価基準』，言論NPO，2010年。

3 NPOの財務指標

　前節では定性的項目をメインとした総合的な自己診断のツールを取り上げたが，ここでは，会計・財務情報による評価について見る。NPOの財務指標については，1990年代から米国を中心に研究が進められてきたが，日本でもNPOの会計実務の整備が進みNPOの財務データの蓄積が進むにつれ，日本の現状に沿った研究が蓄積されてきた。

　1 節でも示したように，NPOの有効性は，営利企業における長期利益のように統一的な判断基準で評価できず，財務指標のみで評価するには限界がある。しかしながら，財務情報を用いて見えてくるものもある。NPOが行う社会貢献や社会的課題解決のための事業活動ないしミッション追及の事業活動について，「ミッションが達成されたか否か」については評価できなくても，「継続的にミッションを追及することが可能か」，つまりNPOの事業の継続性に

ついて一定の評価をすることができる。

　具体的にはＮＰＯの活動と財務の整合性や組織の持続性についての分析である。田中・馬場・渋井（2010）で取り上げている「持続性」と「収入の質」[2]は，営利企業とは異なるＮＰＯの事業の継続性を評価するのに独特な財務指標といえる（図表18-3）。

●図表18-3　ＮＰＯの財務指標

分析目的		財務指標	計算式	説明
持続性	中長期的に団体を維持運営できるか	支払可能期間	流動資産／（総支出／12か月）	何か月分の支払手段が手元にあるかを示す
		正味財産・収入比率	正味財産／総収入	収入に対してどの程度の内部留保を蓄積しているかを示す
収入の質	活動を継続するために必要な資源獲得能力があるか	収益率	経常収支／総収入	収入のうち留保できる余剰資金を示す
		社会的支援収入比率	会費・寄付・補助金等収入／総収入	社会からの資金的支援が収入に占める割合を示す
		収入多様性比率	$HHI = \Sigma (r_i / R)^2$	多様な資金源を確保できるかを示す

（出所）　田中弥生・馬場英朗・渋井進「財務指標からとらえた民間非営利組織の評価─持続性の要因を探る─」，『The Nonprofit Review Vol.10 No.2』，PP.111-121，2010年。

　「持続性」とはＮＰＯが中長期的に団体を維持運営できるかどうかを評価しようというものであり，何か月分の支払手段が手元にあるかを示す「支払可能期間」，収入に対してどの程度の内部留保を蓄積しているかを示す「正味財産・収入比率」により測定する。

$$支払可能期間 = \frac{流動資産}{1か月あたり総支出}$$

$$正味財産・収入比率 = \frac{正味財産}{総収入}$$

「収入の質」とは、活動を継続するために必要な資源獲得能力があるかどうかを評価しようというものであり、収入のうち留保できる余剰資金を示す「収益率」、社会からの資金的支援が収入に占める割合を示す「社会的支援収入比率」によって測定する。

$$収益率 = \frac{経常収支}{総収入}$$

$$社会的支援収入比率 = \frac{会費・寄付・補助金等収入}{総収入}$$

また、収入の質を評価するために、多様な資金源を確保できているかを示す「収入多様性比率」も用いられる。収入多様性比率とは、NPOの収入を支える5つの財源、すなわち、①個人寄付、②企業寄付、③財団助成、④政府資金、⑤事業収入のうち、どの程度多様な財源からの収入が確保されているか、あるいは逆にどの財源に依存しているかを示す指標である。

なぜ、収入・財源の多様性を評価しなければならないかというと、それぞれの財源がNPOのミッション遂行上の制約になることがあるからである。大口の寄付者や政府からの補助金や助成金、または委託事業に依存すると組織の自立性が損なわれる可能性が出てくる。個人の会費や寄付はミッションへの賛同を示すが次期以降も継続して会費や寄付を提供するかは不安定である。とはいっても、事業収入に集中しすぎるとNPOとしての意義が損なわれることになる（図表18-4）。

●図表18-4　NPOにおける財源の特徴

	個人の寄付・会費、助成団体からの助成金	政府からの補助金、事業委託	事業収入
収入の変動性	不安定	安定的	継続的
資金使途の制約	最も強い	強い	弱い
活動目的への介入	大口寄付者の意向	政策への依存	自由度が高い
組織運営に与える影響	形式化	官僚化	合理化
組織の構造的変化	資金提供者指向	政府指向	市場指向

（出所）　中嶋貴子・馬場英朗「非営利組織の成長性と安定性に関する実証分析―NPO法人パネルデータを用いた財務分析から―」,『非営利法人研究学会誌』Vol.14, 2012。

収入・財源の多様性を測る指標としては、市場シェアの集中度を表す、ハーフィンダール・ハーシュマン指数（ＨＨＩ）が用いられている。

$$HHI = \Sigma \left(r_i / R \right)^2, \ i = 1, \ 2, \ \cdots, \ n$$

ｎは財源の数，r_iはｎ番目の財源からの収入，Ｒは全財源からの収入である。ＨＨＩは１以下の正の値をとり，その値が小さいほど収入源が多様化し，１に近いほど単独財源に集中していることを示す。

ただ、これら財務指標の欠点は、現段階では評価の基準となるベンチマークが確立されていないために、どの水準ならば良いかという判断が難しい点である。今後、ＮＰＯの財務情報のデータの蓄積が進み、ベンチマークが確立されることが期待される。

4 ＮＰＯの分析事例

1 認定ＮＰＯ法人スペシャルオリンピックス日本

認定ＮＰＯ法人スペシャルオリンピックス日本（以下、ＳＯＪと省略）は、スポーツを通じて知的障害者の自立と社会参加を支援するというミッションの下、知的障害者の世界規模のスポーツイベントの開催や競技種目のスポーツトレーニングなどを行うＮＰＯである。アメリカに本部を置く国際組織であり、日本では1994年に発足された。2011年末現在、7,339人のアスリート[3]と13,629人のボランティアが参加している。

『ミッションから見たＮＰＯ』に記載されているＳＯＪの2011年度の収支状況を示した図表18-5によると、年間収入は約3,240万円、支出は約3,050万円で190万円の収支超、前期と合わせて3,740万円が次期に繰り越されている。ここでは、「社会的支援収入比率」と「収入多様性比率」によって「収益の質」を分析する。[4]

第18講　ＮＰＯの経営分析

● 図表18－5　スペシャルオリンピックス日本の収支計算書（2011年）

Ⅰ．収入の部		
1	入会金・会費収入	4,720,000
2	寄付金収入	24,891,154
3	補助金収入	1,979,250
4	委託事業収入	682,500
5	雑収入	84,485
	当期収入合計（A）	32,357,389
Ⅱ．支出の部		
1　事業費		
(1)	スポーツ事業費	8,592,425
(2)	スポーツ指導者育成事業費	83,975
(3)	文化事業費	449,438
(4)	広報・啓発・普及事業費	2,528,393
(5)	給料手当	6,411,736
(6)	旅費交通費	436,724
(7)	外注費	577,500
事業費合計		19,080,191
2　管理費		
(1)	給料手当	6,053,569
(2)	法定福利費	1,216,328
(3)	福利厚生費	25,000
(4)	会議費	110,100
(5)	旅費交通費	399,436
(6)	通信運搬費	383,004
(7)	消耗品費	386,540
(8)	賃借料	2,167,200
(9)	諸会費	69,000
(10)	減価償却費	292,257
(11)	租税公課	55,002
(12)	修繕費	71,862
(13)	雑費	145,424
管理費合計		11,374,722
当期支出合計（B）		30,454,913
Ⅲ．収支差額の部		
当期収支差額（A）－（B）		1,902,476
前期繰越収支差額（C）		35,533,686
次期繰越収支差額（A）－（B）＋（C）		37,436,162

（出所）　坂本恒夫・丹野安子編著『ミッションから見たＮＰＯ』文眞堂，2012年。

まず,社会的支援収入比率は97.6％と非常に高い数値となっている。これは,収入のほぼ全額の資金的支援という形で,ＳＯＪの掲げるミッションとその活動が社会的に高く支持されていることを示している。

> 社会的支援収入比率＝会費・寄付・補助金等収入／総収入
> ＝（4,720,000＋24,891,154＋1,979,250）／32,357,389＝97.6％

収入の内訳は,寄付金約2,489万円（構成比76.9％),入会金・会費472万円（14.6％),助成金198万円（6.1％),委託事業68万円（2％）であり,ＳＯＪの活動の大半は寄付金によって支えられていることがわかる。ＳＯＪでは寄付金の安定的確保が組織としての重要課題としており,この課題解決のために積極的かつ継続的な取り組みを続けている。

では,これは収入の多様性の観点からはどのように評価できるか。収入の多様性を示す収入多様性比率は次の通り0.62である。

> 収入多様性比率　$HHI = \Sigma (r_i / R)^2, i = 1, 2, \Lambda, n$
> $= (4,720,000 / 32,357,389)^2 + (24,891,154 / 32,357,389)^2 +$
> $(1,979,250 / 32,357,389)^2 + (682,500 / 32,357,389)^2 +$
> $(84,485 / 32,357,389)^2 = 0.62$

『労働政策報告書No.82 2007　ＮＰＯ就労発展への道筋―人材・財政・制度から考える―』の調査では,175のＮＰＯ団体の収入多様性指標が0.68,学術・文化・芸術・スポーツ分野のＮＰＯ,15団体では0.66となっており,これをベンチマークとすると,ＳＯＪの0.62はこれよりも低い数値となっており,比較対象であるＮＰＯの平均値より多様な財源から収入を得ているということになる。つまり,寄付金が活動資金の大半を占めているとはいえ,他のＮＰＯと比べると,寄付金に依存し過ぎているわけではなく,むしろ多様な収入を確保しているといえる。ただ,前節の終わりに指摘した通り,ベンチマークの限界があるため,参考までにとどめたい。

第18講　NPOの経営分析

② 日本中小企業・ベンチャービジネスコンソーシアム

日本中小企業・ベンチャービジネスコンソーシアム（以下，コンソーシアムと省略）は，中小企業の経営改革とベンチャービジネスの起業支援を通じて雇用を拡大することをミッションに掲げ2000年4月に発足したNPOである。中小企業経営者，ベンチャー起業家，研究者，専門家ら150名と法人会員10社が会員となり，相互の情報交流を図っている。年1回の年次大会，年3回の部会，年1回の海外を含む地方部会において，研修会や交流会が行われる。また，これらの研修内容や講演内容を著した年報や書籍が刊行されている。

コンソーシアムの2009年度から2011年度からの収支計算を，内部資料を基に作成し，図表18-6に示した。財産状況を示す貸借対照表を入手できなかったため，ここでも「収益の質」に絞って分析を行う。

●図表18-6　日本中小企業・ベンチャービジネスコンソーシアムの収支

		2009年度	2010年度	2011年度
Ⅰ．収入の部				
1	会費収入	1,230,000	1,225,000	1,370,000
2	事業収入	500,000	555,000	574,000
	収入合計	1,730,000	1,780,000	1,944,000
Ⅱ．支出の部				
1	大会・部会開催費	1,100,000	1,155,000	1,074,000
2	プロジェクト運営費	0	100,000	150,000
3	年報製作費	122,550	126,020	127,650
4	表彰費	63,560	78,670	69,720
5	事務費	204,477	206,416	205,039
6	通信費	8,720	4,640	2,120
7	書籍購入代	50,400	525,840	0
8	東日本大震災見舞金	0	100,000	0
	支出合計	1,549,707	2,296,586	1,628,529
Ⅲ．収支差額の部				
1	当期収支差額	180,293	−516,586	315,471
2	前期繰越収支差額	0（注）	180,293	−336,293
3	次期繰越収支差額	180,293	−336,293	−20,822

（注）　データが入手できなかったため，前期繰越収支差額を0とした。
（出所）　日本中小企業・ベンチャービジネスコンソーシアム内部資料より作成。

第4部　社会的評価力と経営分析

　予算規模は約170万円から200万円であり，2009年度と2011年度は単年度収入超過であった。2010年度は約50万円のマイナス収支となったが，これには次のような理由がある。第一に，コンソーシアムが編集した書籍2冊を会員に無料配付するために約50万円が購入費用に充てられたこと，第二に，東日本大震災の被害を受けた仙台部会への見舞金として10万円が特別に計上されたことによる。3年間のトータルではマイナス2万円と，ほぼプラスマイナスゼロとなっている。収入は基本的に会員へのサービスとして還元しようとするコンソーシアムの姿勢が，このような数値に表れているといえる。

　収入は会費収入と事業収入の二つからなる。会費は個人年会費1万円と法人年会費3万円であり，ここ数年は安定的に推移している。事業収入は，大会や部会の参加費1,000円と懇親会参加費3,000円による収入である。大会や部会には40〜50人が参加し，その7割ほどが懇親会にも参加するため，一度の大会・部会で約10〜15万円の収入がある。一度の大会・部会では事前の案内から当日運営までに20万円以上の費用がかかっており，事業収入で不足する部分については会費収入によって補助していることになる。なお，事務費が比較的大きな割合を占めているのは，大会や部会の事前の案内に関わる作業費などが含まれているためである。

　社会的支援収入比率は70.5％であり，収益の大半がミッションと事業活動に賛同する個人や法人からの会費収入であり，こうした個人や法人の金銭的支援によってＮＰＯが運営されているといえる。

> 社会的支援収入比率＝会費・寄付・補助金等収入／総収入
> ＝1,370,000／1,944,000＝70.5％

　収入多様性比率は，0.67となっている。財源が会費収入と事業収入の二つしかないとはいうものの，前述のベンチマーク0.68よりも低い値となっている。収入の第一の柱である会費収入が全体に占める割合は約70％と，一極集中とはなっていないためである。

> 収入多様性比率　$HHI = \Sigma (r_i / R)^2, i = 1, 2, \Lambda, n$
> $= (1,370,000 / 1,944,000)^2 + (574,000 / 1,944,000)^2$
> $= 0.67$

　なお，コンソーシアムでは，会員数と会費収入は発足以来，安定的に推移しており，財源の乏しさが事業継続に影響を与えるとは言い難い。むしろ，コンソーシアムの方針として，自立性を損なわないために委託事業を受託せず，補助金も受け取ってこなかった。このケースでは，むしろ，財源を増やさず，会費収入を安定的に確保したところに，事業継続による持続的なミッション追及が可能となっているといえよう。

5　調和型・共通価値経営とNPOの経営分析

　NPOの存在が社会的に重要になり，大きな力をつけてきたのは，バブル崩壊以降，とりわけ株主価値経営期である。経済や企業の成長が止まり不況が長引くと，様々な社会的課題が顕在化した。そして，以前から存在していた草の根的な取り組みにも大きな関心が寄せられるようになった。特に，90年代中盤以降，企業の財務は成長志向から効率重視，株主価値重視へと大きくシフトされ，膨張した資産や採算の悪い事業を切り離し，コストをいかに切り下げるかという点が最重要課題となった。企業のコストカットやリストラクチャリングの余波は雇用の問題や地域社会の疲弊へと及ぶこととなった。そして，「排除」の論理が支配的になった株主価値経営時代に，逆に「参加」の場としてNPOは社会的意義を増すこととなったのである。

　リーマンショック以降の調和型・共通価値経営期には，事業の社会性と経済性や営利，非営利の境界があいまいになり，社会的価値と経済的価値の同時追求が求められるようになっている。したがって，一方で，企業はNPOのミッションや，社会的価値の創造など事業の社会性について学ばなければならない。今後，企業はNPOの経営手法や評価手法を取り込んでいく必要がある。他方，NPOも企業から事業の経済性や効率性について学ばなければならない。そう

したことから今後のＮＰＯの経営分析には，本講で検討した事業の持続性を中心としたミッションの有効性に加えて，事業の収益性や効率性の企業の経営分析手法の導入が非常に重要になってくると考えられる。

【注】
1) それぞれ，ＮＰＯの評価基準を作成し，『社会を変えるＮＰＯ評価』，『「エクセレントＮＰＯ」の評価基準』として，評価基準を公表している。
2) 馬場英朗（2009）では，これらに加え，営利企業の財務指標である「運転資本」（流動資産－流動負債）や「支払可能期間」（流動資産／（総支出／12か月））による流動性分析，「管理費比率」（管理費／総支出）や「総資産回転率」（総収入／総資産）などの効率性分析もＮＰＯを分析するための財務指標として取り上げている。
3) スペシャルオリンピックスでは活動に参加するすべての知的発達障害のある人々を，「アスリート」と呼んでいる。
4) 『ミッションから見たＮＰＯ』では貸借対照表が公開されていないため，3節で取り上げた「持続性」の財務指標は測定できない。また，収支計算書では「経常収支」が区分されてないため「収益率」も取り上げない。

【参考文献】
「エクセレントＮＰＯ」を目指そう市民会議編（2010）『「エクセレントＮＰＯ」の評価基準』言論ＮＰＯ。
粉川一郎著・特定非営利活動法人コミュニティ・シンクタンク「評価みえ」監修（2011）『社会を変えるＮＰＯ評価』北樹出版。
坂本恒夫・丹野安子編著『ミッションから見たＮＰＯ』文眞堂，2012年。
田中弥生・馬場英朗・渋井進（2010）「財務指標からとらえた民間非営利組織の評価─持続性の要因を探る─」，『The Nonprofit Review Vol.10 No.2』pp.111-121。
独立行政法人 労働政策研究・研修機構『労働政策報告書 No.82 2007　ＮＰＯ就労発展への道筋─人材・財政・制度から考える─』2007年。
中嶋貴子・馬場英朗「非営利組織の成長性と安定性に関する実証分析─ＮＰＯ法人パネルデータを用いた財務分析から─」，『非営利法人研究学会誌』Vol.14, 2012。
馬場英朗（2009）「非営利組織の財務評価─ＮＰＯ法人の財務指標分析及び組織評価の観点から─」，『非営利法人研究学会誌』Vol.11。
Ｐ．Ｆ．ドラッカー著・上田淳生訳（2007）『非営利組織の経営』ダイヤモンド社。
山内直人・田中敬文・奥山尚子編（2010）『ＮＰＯ白書2010』大阪大学大学院国際公共政策研究科ＮＰＯ研究情報センター。

（趙　丹）

第5部

経営分析の限界

第19講

中小企業と経営分析

１．中小企業の定義

- 中小企業基本法（1963年制定1999年，2013年改正）
  - ⇒　政策対象としての中小企業の定義を規定

２．中小企業のデータの特徴

- 会社法第440条「すべての株式会社は定時株主総会終了後，財務諸表の開示」
  - ⇒　決算公告の必要性
- 中小企業の多くは決算公告をしていない
  - ⇒　中小企業のデータを入手するのは困難

３．信用調査会社を利用した中小企業のデータの入手方法

- 帝国データバンクや東京商工リサーチの出版物の活用
  - ⇒　定性的データ，定量的データを入手可能であるが限定的な情報（売上や利益のみ，記載のない場合もある）

４．中小企業の経営分析の限界

- 中小企業の計算書類の作成目的は①税務計算への計算書類の転用，②資金調達の際の金融機関へ提出する審査用の書類
- 中小企業は自社のデータを外部へ公表する意図はない
- 個々の中小企業を分析することは困難，上場会社で用いる経営指標が妥当かどうかも要検討

５．中小企業のデータを公表するメリット

- 中小企業観の変化　"弱者"から"活力ある多数"へ
- 成長志向の中小企業＝積極的に財務データを公開する中小企業
  - ⇒　投資家に情報を開示し私募債を発行することで資金調達が可能
- 「隠す経営」から「見せる経営」の実践による成長可能性

中小企業の定義

　本講では，中小企業を経営分析する場合の特異性について検討する。これまで議論をしてきた会社や企業は，大会社，大企業，上場会社を対象としていた。ここでは，中小企業とは何か，また中小企業を経営分析する際の限界について学ぶ。

　中小企業とは中小企業基本法に定義された基準に該当する企業のことを指す。中小企業基本法は1963年に制定され，1999年に大幅改正，さらに2013年にも改正された。同法は，企業間格差の存在と中小企業の存立基盤の変化に対応するため，中小企業や中小企業政策の方向づけを行うことを目的とした法律である。第2条にその範囲が規定されており，基準に該当する企業のことを中小企業と呼ぶ。たとえば，製造業では従業員数が300人以下もしくは資本金または出資の額が3億円以下のどちらかの要件を満たす会社および個人は中小企業となり，中小企業基本法の適用範囲，政策の対象となる[1]。そして，同法は中小企業の定義よりも小規模な企業を特に小規模企業者として規定している[2]。

　また，中小企業という用語に類似した用語に中小会社が用いられる場合がある。会社法では，資本金の額が5億円以上または負債の合計額が200億円以上の会社を大会社と規定している。大会社に対しての中小会社という用語は会社法では規定していないが，大会社ではない会社を中小会社と便宜上一般的に用いることもある。

　本講では中小企業を対象とした経営分析について議論を行う。しかし，法律の規定上，上場会社であったとしても中小企業基本法の範囲に入ってしまう企業が実際に存在している。このような上場会社は会社法だけではなく金融商品取引法も関係しており，中小企業の定義の範囲内の会社ではあるが，それよりも公開会社としての側面が強く，経営分析を行うにもデータの入手は比較的容易である。また，これとは逆に大会社であっても上場会社ではないため，金融商品取引法の適用外の会社も存在している。本講ではこういった事例は，今回は除外し，いわゆる一般的な中小企業を対象とする。そして，経営分析を実施するにあたって何らかの限界があるのではないかということについて議論を進

めたい。そこで本講では，会社法の区分ではなく，未上場会社（金融商品取引法の範囲外の会社）でありかつ中小企業基本法の定義内の株式会社を中小企業として扱うことにする（図表19-1）。

●図表19-1　法律による区分と目的

法　律	区分の目的	区　分
中小企業基本法	政策の範囲としての中小企業を規定し，中小企業振興，育成の対象を限定する。	中小企業 ⇒本講で扱う企業
会社法	資本金の額や負債の額が大きく社会に影響がある大会社を規定し，投資家保護などの観点から規制をする。	大会社とその他 （中小会社）
金融商品取引法	投資家保護や公正な市場を維持するため金融商品（有価証券の募集など）の発行・売買などの取引について規定した法律。上場会社はこの法律の適用。	上場会社とその他 （未上場会社）

2　中小企業のデータの特徴

　規模の大小にかかわらず中小企業は会社法の規定に準拠しなくてはならず，よって会社法第435条第2項の規定により貸借対照表，損益計算書，株主資本等変動計算書，個別注記表からなる計算書類を作成しなくてはならない。経営者が自社の財政状態や経営成績を把握するため内部分析を行う際には，これらの計算書類が利用される。また，中小企業が資金を調達するために，金融機関にこれら計算書類を提出し，金融機関が融資の可否を判断する際に用いられることもある。この場合，中小企業が金融機関に計算書類を提出するからこそ利用できるのである。たとえば，金融機関以外の取引先や投資家が，ある特定の中小企業の分析をしたい場合，その中小企業の計算書類を入手することはできるのであろうか。

　会社法第440条では，会社は定時株主総会終了後遅滞なく会社が定めた定款に記載されている方法で財務情報の開示をしなくてはならない。これを決算公

告という。決算公告は官報や日刊新聞，Webサイトによって貸借対照表もしくは貸借対照表の要旨を公告しなくてはならない[3]。すなわち，われわれはすべての中小企業の貸借対照表もしくはその要旨を入手することが可能である。

だが，中小企業のすべてが決算公告をしているわけではないのが現状である。会社法第976条第2号では，公告を行わなかった，もしくは不正な公告を行った場合，会社の代表者に100万円以下の過料が科せられることになっている。それにも関わらず，多くの中小企業は決算公告を行っていないため，第三者が財務データを入手することは難しい。そして，たとえ決算公告を行っていたとしても，貸借対照表もしくはその要旨だけでは十分な分析はできない。よって，現段階では中小企業の財務諸表は入手困難であり，財務諸表を閲覧できるのは，経営者や融資審査の条件として中小企業から提出される金融機関など，その利用は限定されている。

3 信用調査会社を利用した中小企業のデータの入手方法

上記でみたように，中小企業の個別の情報をわれわれが入手することは困難である。しかし，信用情報調査会社の㈱帝国データバンクと㈱東京商工リサーチが出版するデータを用いれば，一部ではあるが中小企業のデータを入手することができる。

信用調査会社とは，企業情報について調査員を使って調べ，その会社の信用度を顧客に提供する会社である。調査員は企業調査表などを用いて会社の概要，取引先，株主等を調べ，信用調査会社がそのデータを集計し格付けやランキングなどを付けて出版物として出版する。また，倒産速報などを報告する業務も行っている。われわれは信用調査会社の出版物などを利用することで会社の概要や評価などが入手できる[4]。

㈱帝国データバンク『会社年鑑』と㈱東京商工リサーチ『東商信用録』を比較してみよう（図表19-2）。どちらも上場会社に限らず中小企業を掲載しているが，すべての全国の企業を網羅しているわけではなく，調査可能な企業，もしくは公表可能な企業のみを扱っている。記載項目は，会社の所在地や設立年，株主，経営者を含む役員，取引銀行，取引先などの定性的データがある。また，

●図表19－2　信用調査会社の出版物の会社データ比較

信用調査会社と出版物	㈱帝国データバンク『会社年鑑』	㈱東京商工リサーチ『東商信用録』
記載項目	会社名	会社名
	所在地	所在地
	電話番号	電話番号
	設立年月	設立年月
	―	創業年月
	ＨＰのＵＲＬ	―
	登記	―
	事業内容	営業種目
	資本金	資本金
	役員	役員（代表者含）
	株主数	―
	株主	大株主
	従業員数	従業員数
	取引銀行	取引銀行
	事業所	事業所
	仕入先	仕入先
	販売先	販売先
	系列	―
	業績3期（売上高・純利益）	業績3期（売上・利益・配当総額）
	業種内ランキング	
	―	格付概況

（注）『会社年鑑』と『東商信用録』をもとに作成。会社によっては記載されていない項目もある。

資本金の額，売上，利益などの定量的データも記載されている。ただし，売上や利益などは詳細な数字ではなく大まかな数値を掲載している場合が多い。さらに，財務諸表等に記載される項目すべてではなく，売上および利益の2項目（『東商信用録』については配当総額）だけしか入手できず，詳細を分析する

ことは不可能である。これは，信用調査会社がデータを入手する際に既に限定的な数値しか知りえないのか，もしくは取材する時に公表する際の条件になっているのか定かではないが，限定的な制限されたデータしか入手できないことが中小企業のデータを入手する際の実態と言える。われわれは大まかな評価を信用調査会社の出版物に記載されている最後の項目である「業種内ランキング」や「格付」によって判断せざるを得ない。

 中小企業の経営分析の限界

　これまで見てきたように，中小企業のデータ収集は困難であり，またその入手項目も極めて限定的である。これは中小企業の経営者が自社の経営状況を公にすることに対して消極的なためである。中小企業にとって計算書類を作成する目的は，外部の者に分析をさせるためではない。その目的は，①税務計算への計算書類の転用，②資金調達の際の金融機関へ提出する審査用の書類，以上の2点に集約できよう。

　中小企業の経営者の多くは，計算書類の作成は税金の計算のために行っているという考えを持っている。経営者がこのような考えを持っていると，自ずと税金対策的な経営方針，税金負担の軽減，すなわち利益の最小化という方向性を持つことになる。経営学では「企業の目的は利益の最大化」であると従来から言われているが，中小企業経営の現場においてはこの原理が当てはまらないことがある。よって，利益を少なくし税金を軽減しようとするのであるから，利益率やＲＯＥ，ＲＯＡなどの経営指標が中小企業を分析する上で意味を持つのかどうか議論しなくてはならない。

　また，中小企業は間接金融による資金調達が主流であり，その担い手は金融機関である。融資を受ける際，金融機関の審査資料の一つとして提出するのが貸借対照表や損益計算書などの計算書類であって，取引先や投資家に公表する等とは中小企業の経営者は全く考えていない。よって，自社の経営状況を公表する決算公告はたとえ罰則があったとしても実施する必要性がないと考えている場合が多い。

　以上のように，計算書類は税務的な側面と資金調達をする際の書類という位

置づけであり，中小企業が自社のデータを公表するような動機がない点が現状である。そのため，われわれが中小企業の経営分析を行おうとする場合，会社の個別データの入手が困難であるという障壁にぶつかり，結果として中小企業総体としてのマクロデータを代用するしかないというジレンマに陥るのである。また，このような特徴があるため，データを入手できたとしても上場会社と同じような経営指標を用いることが果たして妥当性があるのか検討を要する。

5 中小企業がデータを公表するメリット

　上記のように，現段階では中小企業のデータを入手することは困難である。しかし，積極的に財務データなどを公開している中小企業も実在している。

　たとえば，金融機関からの借入ではなく私募債を用いている中小企業は，積極的に財務データを公開し，計画通りの資金調達を行っている。私募債を購入してくれる投資家は従業員や地域住民であり，彼らに対しての説明責任の一環として自社のデータを公開し，納得してもらわなければならない。そのため，公表できるだけの内容にするために経営努力をする上，データを公表することによりモニタリングされている意識が中小企業の経営者に芽生え，業績だけではなく従業員のモチベーションも従来以上に増す効果も期待できるのである[5]。

　企業の目的が利益の最大化，キャッシュフローの最大化，ステークホルダー重視へと変遷している中で，一般的に中小企業の多くは依然として前近代的な経営を行っていることが多い。たとえば，利益を確保し適正な税金を納付することも社会貢献，地域貢献の一つと考えられる中で，中小企業にはいかに利益を圧縮し税金の支払いを少なくしようとする動きがある。

　しかし，政策的には中小企業への評価や認識が変化している。かつては中小企業を大企業に対して「弱者」として捉えていたが，時代の変化とともにそれは「活力ある多数」として認識され，さらには経済発展の担い手として中小企業の持つ成長性が注目されている。すなわち，積極的に自主的な努力を継続している企業を政策対象とするようになったのである。前述したように中小企業基本法の改正に伴い，中小企業への認識も変化し，法の対象となる中小企業も変化している。「救う」から「支援」へと発想が転換しており，意欲ある中小

企業こそ支援の対象とする姿勢へと動いているのである。

　このように，成長志向，意欲ある経営を行う中小企業こそ育成対象となっている現在，中小企業は経営方針を検討する必要がある。積極的に財務内容や会社の内容を開示し，従来の「隠す経営」から脱却し，「見せる経営」を実践することは，中小企業が成長するための方向性の一つなのである。

【注】
1) 製造業以外では，卸売業は資本金または出資の総額が1億円以下もしくは従業員数が100人以下の会社および個人，小売業では資本金または出資の総額が5,000万円以下もしくは従業員数が50人以下の会社および個人，サービス業では資本金または出資の総額が5,000万円以下もしくは従業員の数が100人以下の会社および個人を中小企業としている。従業員数に関しては，正社員と正社員に準じた労働形態の従業員（労働基準法第20条の「予め解雇の予告を必要とする者」を合算した数となる。
2) 中小企業基本法による小規模企業者の定義は，製造業は従業員20人以下，商業・サービス業は従業員5人以下である。
3) 大会社は貸借対照表と損益計算書の公告が必要である。
4) 4講で学んだ『会社年鑑』や『東商信用録』である。信用調査会社のホームページでは，有料で各会社の調査レポートも入手可能である。下記のＵＲＬを参照しアクセス可能である。
　　帝国データバンク　http://www.tdb.co.jp/index.html
　　東京商工リサーチ　http://www.tsr-net.co.jp/
5) 鯨井・坂本・林編著，pp.171-173参照。

【参考文献】
鯨井基司・坂本恒夫・林幸治編著『スモールビジネスハンドブック』Bkc，2010年。
帝国データバンク『会社年鑑　西日本』帝国データバンク，2012年。
東京商工リサーチ『東商信用録　近畿北陸版』東京商工リサーチ，2012年。

（林　幸治）

第20講

ＥＳＧ投資と社会的価値

1．Ｍ＆Ａ・事業再編の変遷と企業価値

- トヨタ自動車とスズキ自動車の事業連携は環境・安全，情報技術，自動運転車の開発を目的としたものであった。
- その背景にはパリ協定の締結とＡＩ（人工知能）技術の発展がある。

2．企業価値の変遷

- 企業価値の内容は，ビジネス（営業）価値，株主価値そして社会的価値である。
- 社会的価値の登場は，ＥＳＧ投資の存在が大きい。

3．社会的価値の測定

- 社会的価値はどのように計測されるか。
- 計測するには，ＳＲＯＩおよび社会貢献支出額などを参考にすべきである。
- そして社会的価値と株価との関係を分析しなければならない。
- トヨタ自動車を例にとって見てみよう。

4．機関投資家は社会的イノベーターになれるか

- 株式会社の事業連携は社会的価値の向上のためであったとしても，それは独立して存在するのではなくて，営業価値，株主価値をセットになって実現するものである。
- トヨタ・スズキの合併・事業連携は，３つの企業価値がセットになっていることにおいて，新しい連携であるが，単独で社会的価値が存在するという意味でない。
- 機関投資家は社会的イノベーターになれない。
- 経営分析において，営業力・株主価値力とセットで分析しないといけない。
- 企業を社会的価値力だけで評価して分析すれば，それは大きな誤解を産む。ＮＰＯやソーシャルビジネスとは，まったく異なるという点で，営業力・株主価値力とセットで分析し，企業の正確な経営力を分析すべきである。

トヨタ自動車とスズキ自動車の事業連携

1 環境・安全,情報技術,自動運転車の開発

　トヨタ自動車(以下,トヨタ)とスズキ自動車(以下,スズキ)は,2016年10月13日,環境・安全,情報技術,自動運転車の開発など,競争激化に対応するために,業務提携をすると発表した。

　世界的に規制が強まっている自然環境や,自動運転などの安全・情報技術での提携を協議するという。また,新興市場開拓でもスズキが4割ものシェアを握るインドなどでの協業,加えて小型車開発のノウハウの取り込みも検討したいと伝えられている。

　トヨタは,2014年にグループ全体の世界販売台数が1,000万台を上回った。16年3月期の連結純利益は2兆3,126億円に達し,収益でも独フォルクスワーゲンや米ゼネラル・モーターズを大きく上回っている。

　一方,スズキは国内の軽自動車やインド事業で強みを発揮しているが,ハイブリッド車(HV)などの環境技術や人口知能(AI)を活用した自動運転などの先進分野で出遅れていた。

　自動車業界では環境規制強化を背景に,電機自動車(EV)などの電動化技術の開発が急務である。自動運転などの技術開発にも巨費がかかり,中堅メーカーの単独での生き残りが難しくなっている。

　こうした両社の思惑が,今回の事業連携の背景にあると言える。

2 パリ協定とAI

　トヨタ,スズキにかぎらず自動車業界にとっての大きな制約は,二酸化炭素(CO_2)と人口知能への対策である。

　2015年12月に採択されたパリ協定は,地球温暖化を防ぐために産業革命前からの気温の上昇を2度より低く抑えることを目指すために,CO_2などの温室効果ガスの排出を2050年に実質ゼロにするとしている。

　世界の排出量の55％以上,55カ国以上の締結から30日後に発効する。2016年

10月5日,74カ国・地域が締結,排出量の総計が世界全体の58.82％に達し,条件を満たした。採択から1年足らずの発効は,異例の早さである。

　自動車業界が大きな関心を寄せているのは,CO_2対策に加えて,ＡＩの発展への対応である。

　人口知能(Artificial Intelligence,ＡＩ)とは,人工的にコンピューター上などで,人間と同様の知能を実現させようという試み,あるいはそのための一連の基礎技術を指す。

　自動車各社はＡＩのクルマへの応用を目指し,様々な環境における物体の認識,高度な状況判断,人と機械との安全な相互協調などを実現するために研究を推進している。

　自動車分野では,次世代技術の開発に向けて,外部の研究機関と協力する動きが相次いでいる。次世代技術を代表するものとしては,Google社の自動運転が有名である。

　トヨタやスズキは,当然のこととであるが,人間が運転をすることを前提としてクルマを設計しているが,人工知能の時代になれば,無人化を前提としてクルマを設計せねばならず,さらに人口知能をコントロールするのは誰かということで,Google社やマイクロソフト社などとの駆け引きが続いている[1]。

●図表20－1　トヨタ・スズキの事業再編の特徴

・2016年10月12日　トヨタとスズキの提携発表
・目的：
　①環境や安全,情報技術などの分野で協力
　②自動運転車の開発
　③新興国市場開拓
　※　パリ協定とAI

3 Ｍ＆Ａ・事業再編の変遷と企業価値

　こうした状況の中で,トヨタとスズキが連携を深めたということは,ただ単に営業上のメリットということではなく,環境や安全に対して積極的に対応していこうとする表れと見ることが出来る。

　従来,Ｍ＆Ａ・事業再編は,営業価値や株主価値に対応するものであった。

例えば，1898年から1902年までに多く見られた水平的合併・買収・事業再編は，利益の規模を大きくすることを目指したものであった。同業種に企業と合体することによって，売上高や営業利益を拡大して，営業上の価値を高めていこうとするものであった。

1925年から1930年において多く見られた垂直的合併・買収・事業再編は，外部に出ていくコストを内にとどめて，売上高や営業利益を内部化していくもので，外部経済の内部化と呼んでいる。主要な駅やホテルが構内にレストランや土産物屋を作り，顧客が出来るだけ自らのところでおカネを使ってもらう行為がこれにあたる。関連業種の企業と合体することによって，売上高，営業利益を拡大して，営業上の価値を高めていくものである。

水平的，垂直的合体が，売上高や営業利益を拡大する営業価値向上を狙ったM&A・事業再編であるのに対して，1966年から1968年に多く見られたコングロマリット的合体は，株価の安い企業を買って，自社の化粧水で粉飾して，それを高く売りつける「安物買いの高値販売」で，買値と売値の差額を儲ける金融収益M&Aである。これは株式市場を舞台にした株主価値追求のためのM&Aで，営業局面には何らの関わりもない。

1985年から1990年に見られたファンド的合体は，まず株価の安い企業を買収する。次に営業価値を高めるために事業改善をはかる。事業改善をはかってROEや効率性比率が上昇すると株価が改善する。そこで高値で売却する。

最終的にはキャピタルゲインだが，事業改善をはかった上での，株価売却収益である。したがってコングロマリットが「何もしない転売利益」に対して，ファンドM&Aは「改善した上での転売利益」ということができる。

●図表20－2　M&A・事業再編の変遷と企業価値

・1898～1902　水平（利益の規模）→　営業価値
・1925～1930　垂直（外部経済の内部化）→　営業価値
・1966～1968　コングロマリット（何もしない転売利益）→　株主価値
・1985～1990　ファンド（改善したうえでの転売利益）→　営業価値＋株主価値
・2016～　　　ＥＳＧ投資＝社会的価値の追求（社会的活動での評価にて株価上昇）→　社会的価値＋株主価値

さて今回のトヨタとスズキの連携は，ただ単に営業上のメリットということではなく，環境や安全に対して積極的に対応していこうとするものである。従来，M＆A・事業再編は，営業価値や株主価値に対応するものであったが，今回のＥＳＧ投資に対応するM＆Aは，「社会的価値」の追求を目指したものである。環境や安全を目的とした連携をすることによって，株式市場での評価を上昇させようとするものであり，社会的価値プラス株主価値のM＆A・事業再編ということになる[2]。

2　企業価値とは何か

1　ＥＳＧ投資とは何か

ＥＳＧ投資とは，国際連合が2006年，巨大銀行や大企業の経営行動があまりにも株主価値的かつスキャンダラス的であるために，これらの銀行や企業に投資する場合，投資家がとるべき行動としての規範を打ち出した。それが責任投資原則（Principles for Responsible Investment：ＰＲＩ）である。

具体的には，機関投資家に，環境（Environment），社会（Social），企業統治（Governance）に配慮している企業を重視・選別して投資を行うように促したものであり，欧米の機関投資家を中心に企業の投資価値を測る新しい評価項目として関心を集めるようになった。

トヨタ，スズキ両社の事業連携は，こうした責任投資原則に沿うものであり，社会的価値を目指したものと言える[3]。

● 図表20-3　ＥＳＧ投資とは何か

- 環境（Environment），社会（Social），企業統治（Governance）に配慮している企業を重視・選別して行う投資。
  - 環境：CO_2排出量の削減，化学物質の管理，
  - 社会：人権問題への対応，地域社会での貢献活動，
  - 企業統治：コンプライアンスのあり方，社外取締役の独立性，情報開示など
- 国際連合が2006年，投資家がとるべき行動として責任投資原則（ＰＲＩ：Principles for Responsible Investment）を打ち出し，ＥＳＧの観点から投資するよう提唱した
- 欧米の機関投資家を中心に企業の投資価値を測る新しい評価項目として関心を集めるようになった。
- ＥＳＧ投資＝環境，社会，企業統治を重視
  ⇒企業の持続的成長や中長期的収益につながり財務諸表などだけでは明らかにできない。

出所：日本大百科全書

2 ビジネス（営業）価値

それでは，企業価値とは何であろうか。かつては，それは営業価値であり，株主価値であったが，今日では社会的価値も含めるものに変化してきている。

営業価値とは，売上高とか営業利益を実現，増大させる経営力ということが出来る。付加価値の高い製品・商品，あるいはサービスを提供する力，そしてそれを効率良く提供できる力といってよいであろう。

3 株主価値

株主価値は，株主が最大限の投資収益が得られるようにする力と言ってよい。

株価の上昇によって得られる投資収益でもよいし，利益分配である配当でもよい。株価の上昇や配当の増大は，売上高や営業利益を前提としつつも，いかにコストを削減して効率的に投資利益率を上昇できるかにかかっている。したがって，効率性を高めて自己資本利益率を上昇させなくてはならないのである[4]。

4 社会的価値

社会的価値は，環境および社会問題や法令遵守などへ取り組む経営力である。環境は，CO_2の削減や化学物質の管理である。また社会問題は今日の格差の

問題への対応である。さらに法令遵守は今日の企業スキャンダルを根絶する取り組みと言ってよい。

5 企業価値の変遷

1930年ごろまでは,企業価値は同時に営業価値であった。企業価値の測定は,売上高や営業利益で行えたのである。

しかし1966年ごろになると,利益のなかで営業利益の他に投資収益も重要な領域を占めるようになってくる。いかに金融投資などで利益を上げるか,これも企業価値に貢献する手法となった。株主価値である。

1985年ごろになって,機関投資家が中心的な株主になってくると,株主価値が中心になってくるが,その価値を上げるのに動員されてくるのが,営業価値である。ROEを上げるために,コスト削減,固定費の変動費化,特化など様々な手法が展開される。ROEや効率性が改善すれば,それは株価に反映されて,株主価値の向上に貢献したのである。

2016年ごろからは,株主価値の向上に貢献するものに,営業価値だけではなく社会的価値が登場してくる。これは,企業の存在が,単に経営環境や株式市場など金融環境に左右されるだけでなく,自然環境・社会環境・法制度環境にも影響される,そうした総合的な存在になったことを物語っているのである。

こうして今日では企業価値の計算に社会的価値が枢要な地位を占めるようになったのである。

●図表20-4　企業価値の変遷

1898〜1902	1925〜1930	1966〜1968	1985〜1990	2016〜
営業価値	営業価値		営業価値	営業価値
		株主価値	株主価値	社会的価値
				株主価値

●図表20-5　営業価値と株主価値

```
営業価値
    group performance
        目標収益，目標営業利益，目標経済利益

株主価値①
two performance targets, based on the efficiency ratio and return on equity
    目標効率性比率（営業費用／収益），目標自己資本利益率

株主価値②
total shareholder return (calculated by reference to both dividends and growth
in share price over the relevant (three year) period)
        株主利益（配当＋株価の成長）
```

出所：Lloyds TSB．アニュアルレポートより作成

3　社会的価値の測定

1　SROIとは何か

それでは，社会的価値はどのように測定されるのであろうか。

社会的価値の測定方法は，様々存在すると思うが，ここではSROIを参考にして測定する方法を提起したい。

SROIは，Social Responsibility on Investment の頭文字をとったもので，社会的投資収益率と呼ばれている。これは，NPOやソーシャルビジネスが利用している社会貢献効果の算定方法である。援助するステークホルダーを設定して，インプット（費用）とアウトプット（活動）を確定する。アウトカムを想定して，それを貨幣価値化する。最終的にそれを合算してインパクトを示す。インパクト合計額をインプット（費用）で除することによって，社会的投資収益率を算定する。

例示したものは，「閉じこもり中高年」支援のインパクトマップである。実際には，登場するステークホルダーごとにこのような整理を行う。

第20講　ＥＳＧ投資と社会的価値

●図表20-6　ＳＲＯＩとは何か

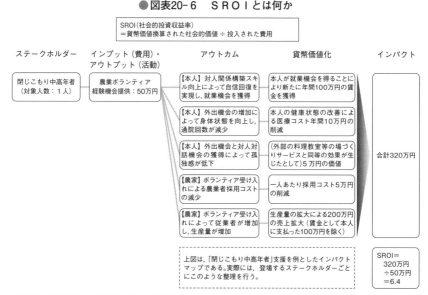

出所：山口高弘・武田佳奈・伊藤利江子（2012）「ソーシャルイノベーションの加速に向けたＳＲＯＩとＳＩＢ活用のススメ」『ＮＲＩパブリックマネジメントレビュー』Vol.103。

　したがって，ＳＲＯＩ（社会的投資収益率）は，貨幣価値換算された社会的価値を投入された費用で除することによって求められる。

　これを，一般の株式会社の社会貢献活動に援用するならば，ステークホルダーは，例えば「CO_2汚染に苦しむ住民」ということで仮定してみよう。ここにこの会社がCO_2対策として2,000万円の汚染対策費（インプット）を寄付したとする。これで住民は，空気清浄器を購入したとしよう。アウトカムとしては，身体状態の向上および気分など精神状態の改善などのアウトカムが得られる。これを貨幣価値化すれば，それが２億円としよう。インパクトは２億円であるから，それをインプットの2,000万円で割れば，この会社の社会的投資収益率は10.0倍と言うことになる[5]。

● 図表20－7　企業価値と測定方法

・営業価値　　売上高利益，営業利益で測定
・株主価値　　ＲＯＥ，効率性比率→株価の成長で測定
・社会的価値　環境および社会問題への取組・法令遵守→（測定方法不明）
　　　　　　　→株価の成長

② 社会貢献支出額

さて，ここで寄付金にあたる社会貢献支出額をどう計算するかである。ここでは，便宜的に東洋経済新報社の『ＣＳＲ企業総覧』（各年版）を利用しよう。ここでは，すでに社会貢献支出額が提示されている。これは，寄付金総額，その他社会貢献を目的とした各種事業への支出額の合計となる。

● 図表20－8　社会的貢献支出額ランキング10位

順位	社名	社会貢献支出額（100万円）		
		2014年度	2015年度	2016年度
1	トヨタ自動車	21,691	22,400	13,700
2	ＪＴ	8,923	7,780	6,197
3	サントリーホールディングス	6,448	8,815	8,867
4	キリンホールディングス	5,863	6,990	6,314
5	日本生命保険	5,267	5,544	3,983
6	ＮＴＴドコモ	5,223	7,100	8,274
7	三菱商事	4,487	3,924	5,020
8	イオン	3,654	3,037	3,007
9	ＫＤＤＩ	3,565	2,929	2,649
10	東芝	3,530	2,820	2,904

注：社会貢献活動支出額の定義は，①「寄付金総額」，②「その他社会貢献を目的とした各種事業への支出額」の合計。詳細は東洋経済新報社『ＣＳＲ企業総覧の各年版』を参照されたし。

ただし，本データの作成に関わっている山本昌弘氏によれば，この数字は各社へのアンケート調査から得られたものであり，その内容は精査が必要であると指摘されている。

また、この社会貢献支出額が、どれだけのインパクトを弾き出したかも不明である。これについても、計算の実績を積み上げていくことが大切である[6]。

● 図表20-9 社会的価値の測定

- SROIを参考にして計測
- 貨幣価値に換算された社会的価値

（アウトカム→貨幣価値化）
- 慎重かつ丁寧に形成
    ⇩
便宜的に社会貢献支出額を利用

③ 社会的価値と株価

さて、社会的価値が計算されたとしても、その増大が株価の上昇に結び付かないと意味がない。その意味から、社会的価値の増大によって、株価が成長するという認識を拡げていくことが大切である。

株価は、従来から様々なものと関連付けて説明されてきた。政治的要因や経済的要因、そして文化的・自然環境的要因である。ここでは、よく論じられる利子や利益、そして資産について説明しておこう。

利子の場合は、配当と比較して利子が相対的に低ければ、株価が上昇するものである。したがって、利子と比較して配当が株価に影響するという要因で説明される。

利益の場合は、利益と株価の相関を見て、利益が上がれば株価が上昇するというものである。

資産の場合は、資産と株価の相関を見て、1株当たりの資産内容が良ければ、株価が上がるというものである。

1980年代後半の日本のバブル経済期においては、1株当たり資産を不当に高く評価して株価上昇を煽ったこともある。

また利益に関連して、ROEや効率性比率の上昇を株価の上げ要因と見ることもある。1990年代から2016年までの株主価値経営時代の株価上昇はこれである。

こうした株価と各種要因との関連で，1株当たり社会的価値を株価と比較することによって，株価の成長を促すことも出来るのではないかと考える。

株価を1株当たり社会的価値で除することによって，社会的価値倍率が算出されるが，このことによってこの倍率が高くなるように誘導することが，株式投資への誘導をもたらすと考える。

●図表20−10　社会的価値と株価

・社会的価値の増大によって，株価が成長するという認識を広げていくことが必要

株価収益率（PER, Price Earnings Ratio）＝株価÷1株当たり利益
株価＝株価収益率×1株当たり利益

純資産倍率（PBR, Price Book-value Ratio）＝株価÷1株当たり純資産
株価＝純資産倍率×1株当たり純資産

株価・ROE, 効率性倍率＝株価÷ROE, 効率性

⇩

社会的価値倍率＝株価÷1株当たり社会的価値（Price Social-Value Ratio）

4　事例—トヨタ自動車—

それでは，トヨタを事例にして，株価と1株当たり社会的貢献支出額との関係を見ていこう。

①トヨタの発効済み株式数は，33億8,509万7,000株である。②株価は，2016年11月30日時点で6,649円である。③東洋経済新報社『CSR総覧』によれば，社会的貢献支出額は，137億円である。④したがって，1株当たり社会貢献支出額は，③÷①で4.047円である。社会貢献支出額に対するアウトカムおよびインパクトについては，トヨタおよび東洋経済新報社ともに明らかにしていない。⑤株価に対する1株当たり社会的貢献支出額比率は，②÷④は1,643倍である。

したがって，株価は④×⑤である。

株価を上げるためには，社会的貢献支出額比率を上げることが肝要だということになる。

●図表20−11　株価1株当たり社会的貢献支出額

―トヨタの発行済み株式数，株価―
① 発行済み株式数：3,385,097,000株
② 株価：6,649円（2016年11月30日）
③ 社会的貢献支出額：13,700,000,000円
④ 1株当たり社会的貢献支出額：③÷①＝4.047円
⑤ 株価1株当たり社会的貢献支出額比率：②÷④＝1,643倍
∴ 株価＝④×⑤
したがって，
株価を上げるためには，社会的貢献支出額比率を上げることである。

●図表20−12　社会的価値による株価操作の懸念

・株価は社会的貢献倍率によって決まる
　⇒株価÷1株当たり社会貢献倍率
　株価＝株価・社会貢献倍率×1株当たり社会的貢献支出額
・ＳＲＯＩを活用して点検
　社会的貢献支出額とそのインパクトを見ることによって，その効率性をチェック

4 機関投資家は社会的イノベーターになれるか

　機関投資家が，社会的価値の追求を展開するとしても，それでは機関投資家が社会的イノベーターになれるかというと，それは実現不可能である。

　まず，イノベーターとは何か。それは，新しい価値観を創造し，それの捉え方によって，社会的な問題を解決していく主体である。機関投資家が，環境問題や安全の社会的問題について，主体的に解決できるかというとそれは無理である。

　なぜならば機関投資家は，まず営業価値，株主価値を追究する主体であるからである。ＮＰＯやソーシャルビジネスは，まず社会的価値を追究する。そしてその社会的価値の追究のために，営業価値の追求を手段化するのである。したがって，機関投資家は，限りなくＮＰＯやソーシャルビジネスに近付くことができるが，完全に同一あるいは合体することはできない。あくまでもそれぞれなのである。

　トヨタ自動車やスズキ自動車は，CO_2削減のために事業連携を行い，環境

問題に積極的に取り組むことは間違いないがだからと言って,環境問題への取り組みは事業目的になるのではない。あくまでも,それは手段に他ならない。

したがって,株式会社の事業連携は社会的価値の向上のためであったとしても,それは独立して存在するのではなくて,営業価値,株主価値をセットになって実現するものなのである。

トヨタ・スズキの合併・事業連携は,3つの企業価値がセットになっていることにおいて,新しい連携であるが,単独で社会的価値が存在するという意味でないことが重要である。

したがって,機関投資家は社会的イノベーターになれないのである[7]。

●図表20-13　株式会社における企業価値のNPO化

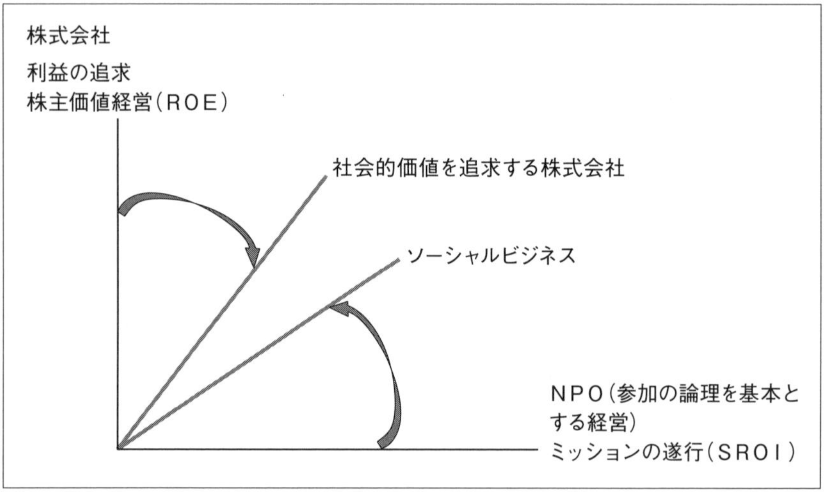

```
株式会社
利益の追求
株主価値経営(ROE)

        社会的価値を追求する株式会社

            ソーシャルビジネス

                NPO(参加の論理を基本と
                する経営)
                ミッションの遂行(SROI)
```

経営分析において,「社会的価値力」を身に着けた企業は,評価の面でも経営行動の面でも,注目すべきではあるが,それは営業力・株主価値力とセットで分析しないといけない。企業を社会的価値力だけで評価して分析すれば,それは大きな誤解を産む事になりかねない。NPOやソーシャルビジネスとは,まったく異なるという点で,営業力・株主価値力とセットで分析し,企業の正確な経営力を分析すべきである。

第20講　ＥＳＧ投資と社会的価値

●図表20-14　機関投資家は社会的イノベーターになれるか

　　　社会的価値を追求する株式会社　　　　ソーシャルビジネス

　　　　　営業価値　　　　　　　　　　　　営業価値

　　　　　株主価値

　　　　　社会的価値　　　　　　　　　　　社会的価値

【注】

1) トヨタ自動車（株）環境部『地球環境問題へのトヨタの対応－「トヨタ環境チャレンジ2050」背景と狙い』2016年10月8日，日本経営財務研究第40回全国大会
2) 坂本恒夫「合併・買収と会社財務」『新金融証券市場と会社財務』税務経理協会，1988年。
坂本恒夫・文堂弘之（編）『Ｍ＆Ａ戦略のケーススタディ』中央経済社，2008年。
Tsuneo Sakamoto (2014) "An Analysis of Japanese Management Styles", Business and Accounting for Business Researchers, MARUZEN PLANET.
3) 野村佐智代「第35講　サステナブル社会の構築と企業財務」坂本恒夫・鳥居陽介（編）『テキスト財務管理論第5版』中央経済社，2015年。
坂本恒夫『ミッションから見たＮＰＯ』文真堂，2012年。
4) 坂本恒夫『イギリス四大銀行の経営行動1985-2010』中央経済社，2012年。
David Rogers (1999) *THE BIG FOUR BRITISH BANKS*, NEW YORK UNIVERSITY PRESS.
5) 山口高弘・武田佳奈・伊藤利江子（2012）「ソーシャルイノベーションの加速に向けたＳＲＯＩとＳＩＢ活用のススメ」『ＮＲＩパブリックマネジメントレビュー』Vol.103。
6) 東洋経済新報社『ＣＳＲ企業総覧（各年版）』
7) Matias Kipping (2016) *RE-IMAGINNG CAPITALISM*, OXFORD UNIVERSITY PRESS.
宮崎康二『シェアリングエコノミ　Uber，Airbnbが変えた世界』日本経済新聞社，2016年。

（本講は，明治大学経営学研究所『経営論集』第64巻第1・2・3合併号の拙稿に，加筆・修正したものである。）

（坂本　恒夫）

執筆者紹介・担当講

坂本　恒夫（さかもと　つねお）	明治大学 経営学部 教授	はしがき，第1講，第20講
鳥居　陽介（とりい　ようすけ）	諏訪東京理科大学 経営情報学部 専任講師 はしがき，第2講，第3講	
大坂　良宏（おおさか　よしひろ）	石巻専修大学 経営学部 教授	第4講
徐　玉琴（じょ　ぎょくきん）	明治大学 経営学部 助手	第5講
森谷　智子（もりや　ともこ）	嘉悦大学 経営経済学部 准教授	第6講
正田　繁（しょうだ　しげる）	明治大学 経営学部 客員教授，マルチナショナルズ経営研究所 代表　　第6講，第7講	
趙　彤基（ちょう　とうき）	明治大学大学院 博士後期課程	第8講
落合　孝彦（おちあい　たかひこ）	青森公立大学 経営経済学部 教授	第9講
澤田　茂雄（さわだ　しげお）	常磐大学 国際学部 准教授	第10講
境　睦（さかい　むつみ）	桜美林大学 経済・経営学系 教授	第11講
上野　雄史（うえの　たけふみ）	静岡県立大学 経営情報学部 専任講師	第12講
平岡　秀福（ひらおか　しゅうふく）	創価大学 経営学部 教授	第13講
古山　徹（ふるやま　とおる）	日経メディアマーケティング株式会社 Needsサポートグループ　　第14講	
鵜崎　清貴（うざき　きよたか）	大分大学 経済学部 教授	第15講
文堂　弘之（ぶんどう　ひろゆき）	常磐大学 国際学部 教授	第16講
野村佐智代（のむらさちよ）	創価大学 経営学部 准教授	第17講
趙　丹（ちょう　だん）	朝鮮大学校 経営学部 准教授	第18講
林　幸治（はやし　こうじ）	大阪商業大学 総合経営学部 専任講師	第19講

〔編者紹介〕

坂本 恒夫（さかもと つねお）

明治大学教授，経営学博士。

日本経営財務研究学会および日本経営分析学会の元会長，証券経済学会代表理事，日本中小企業・ベンチャービジネスコンソーシアム会長。

単著『企業集団財務論』泉文堂，1990年。『企業集団経営論』同文舘出版，1993年。『戦後経営財務史―成長財務の軌跡』Ｔ＆Ｓビジネス研究所，2000年。『イギリス４大銀行の経営行動 1985－2010』中央経済社，2012年。編著『ベンチャービジネスの創り方・運び方』税務経理協会，2001年。『現代コーポレートファイナンス論』税務経理協会，2002年。『図解Ｍ＆Ａのすべて』税務経理協会，2006年。『ベンチャービジネスハンドブック』税務経理協会，2008年。『ＮＰＯ経営の仕組みと実践』税務経理協会，2009年。

鳥居 陽介（とりい ようすけ）

諏訪東京理科大学専任講師，経営学博士。

日本中小企業・ベンチャービジネスコンソーシアム理事，日本経営財務研究学会，日本経営分析学会，証券経済学会会員。

共著 『図解Ｍ＆Ａのすべて』税務経理協会，2006年。『ベンチャービジネスハンドブック』税務経理協会，2008年。『日本的財務経営』中央経済社，2009年。『テキスト財務管理論（第４版）』中央経済社，2011年。『テキスト現代企業論（第３版）』同文舘出版，2012年。

編者との契約により検印省略

| 平成29年5月30日　初版第1刷発行 | 経営力と経営分析 |

編　　者	坂　本　恒　夫
	鳥　居　陽　介
著　　者	現代財務管理論研究会
発行者	大　坪　嘉　春
製版所	株式会社ムサシプロセス
印刷所	税経印刷株式会社
製本所	牧製本印刷株式会社

発 行 所　東京都新宿区下落合2丁目5番13号　株式会社 税務経理協会

郵便番号　161-0033　振替 00190-2-187408　電話 (03) 3953-3301（編集部）
FAX (03) 3565-3391　(03) 3953-3325（営業部）
URL http://www.zeikei.co.jp/
乱丁・落丁の場合はお取替えいたします。

Ⓒ　坂本恒夫・鳥居陽介　2017　　Printed in Japan

本書の無断複写は著作権法上での例外を除き禁じられています。複写される場合は、そのつど事前に、（社）出版者著作権管理機構（電話 03-3513-6969、FAX 03-3513-6979、e-mail : info@jcopy.or.jp）の許諾を得てください。

JCOPY ＜(社)出版者著作権管理機構 委託出版物＞

ISBN978-4-419-06451-8　C3034